小学1年生 言葉《ことば》と文法《ぶんぽう》にぐーんと強《つよ》くなる

もくじ

この本《ほん》の つかいかた

- 1かいから じゅんに、学《がく》しゅう しましょう。
- もんだいに 入《はい》る まえに、まとめコーナー《こうなあ》を よみましょう。
- もんだいは、 **1**から じゅんに やります。
- こたえあわせを して、 てんすうを つけます。つけかたが わからない ときは おうちの かたに 見《み》て もらいましょう。
- まちがえた ところを なおして、100てんに したら、 おわりです。

※「カタカナ」は、本来「かたかな」と表記しますが、本書では「カタカナ」と表記しています。

KUMON

1 ひらがなの れんしゅう①

あいうえお／かきくけこ

こえに だして、ぶんを よみましょう。

あしかの あいさつ

あ（はらう） い（とめる） う（はらう） え（とめる） お（はらう）

からすの かぞく

か（はねる） き（とめる） く（とめる） け（はらう） こ（とめる）

1 「あいうえお」「かきくけこ」を かきましょう。

（ぜんぶ かいて 20てん）

あ	あ	か	か
い		き	
う		く	
え		け	
お		こ	

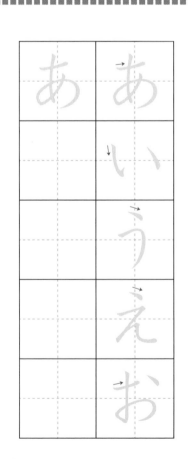

2 えに あうように、□に ひらがなを かきましょう。（ひとつ 8てん）

(1) あり

あり

(2) いちご

□ちご

(3) うま

□ま

(4) ふえ

ふ□

(5) おにぎり
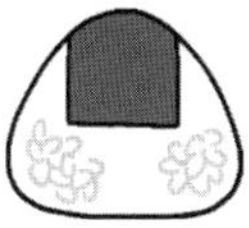
□にぎり

3 えに あうように、□に ひらがなを かきましょう。（ひとつ 8てん）

(1) かえる

かえる

(2) きのこ

□のこ

(3) くじら

□じら

(4) とけい

と□い

(5) こま

□ま

② ひらがなの れんしゅう②

とくてん
てん

さしすせそ／たちつてと

こえに だして、ぶんを よみましょう。

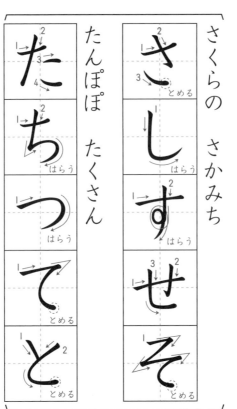

さ（とめる） し（はらう） す（はらう） せ そ（とめる）

さくらの さかみち

た ち（はらう） つ（はらう） て（とめる） と（とめる）

たんぽぽ たくさん

1 「さしすせそ」「たちつてと」を かきましょう。

（ぜんぶ かいて 20てん）

さ し す せ そ

た ち つ て と

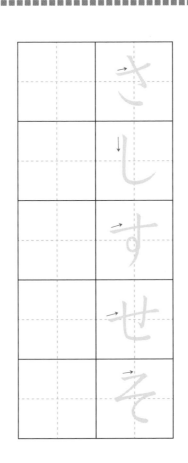

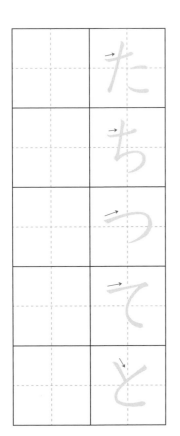

2 えに　あうように、□に　ひらがなを　かきましょう。（ひとつ 8てん）

(1)

さくら
□くら

(2)
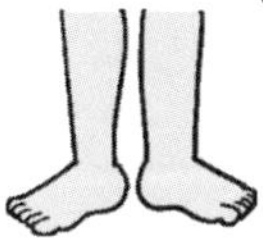
あし
あ□

(3)

すずめ
□ずめ

(4)

せみ
□み

(5)

そり
□り

3 えに　あうように、□に　ひらがなを　かきましょう。（ひとつ 8てん）

(1)

あたま
あ□ま

(2)

ちず
□ず

(3)

つる
□る

(4)

てつぼう
□つぼう

(5)
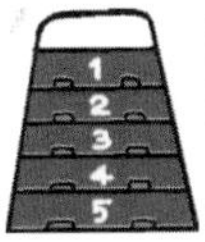
とびばこ
□びばこ

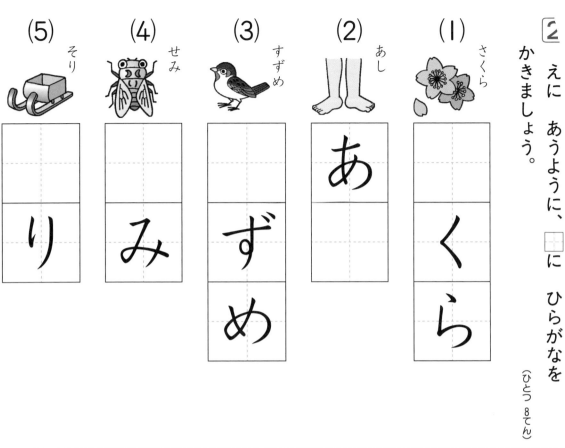

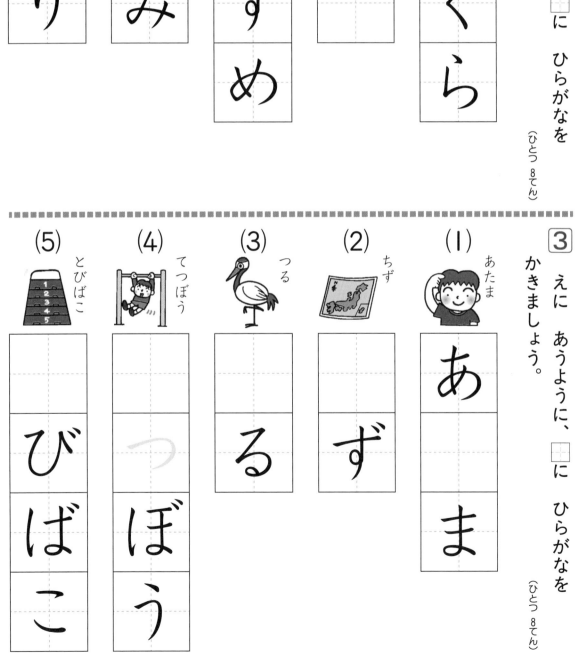

③ ひらがなの れんしゅう③

なにぬねの／はひふへほ

こえに だして、ぶんを よみましょう。

ながぐつ なかよし

な に ぬ ね の

はらう

はらっぱ はしるよ

は ひ ふ へ ほ

とめる とめる

1 「なにぬねの」「はひふへほ」を かきましょう。

（ぜんぶ かいて 20てん）

な		は	
に		ひ	
ぬ		ふ	
ね		へ	
の		ほ	

とくてん

てん

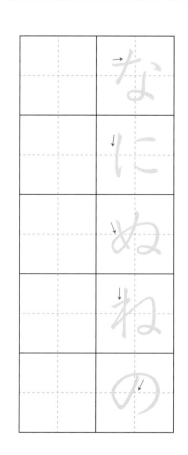

2 えに あうように、□に ひらがなを かきましょう。（ひとつ 8てん）

(1) 
なべ
□べ

(2) 
にじ
□じ

(3) 
たぬき
た□き

(4) 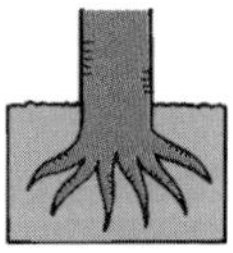
ねっこ
□っこ

(5) 
いのしし
い□しし

3 えに あうように、□に ひらがなを かきましょう。（ひとつ 8てん）

(1) 
はさみ
□さみ

(2) 
ひこうき
□こうき

(3) 
ふくろう
□くろう

(4) 
へちま
□ちま

(5) 
ほん
□ん

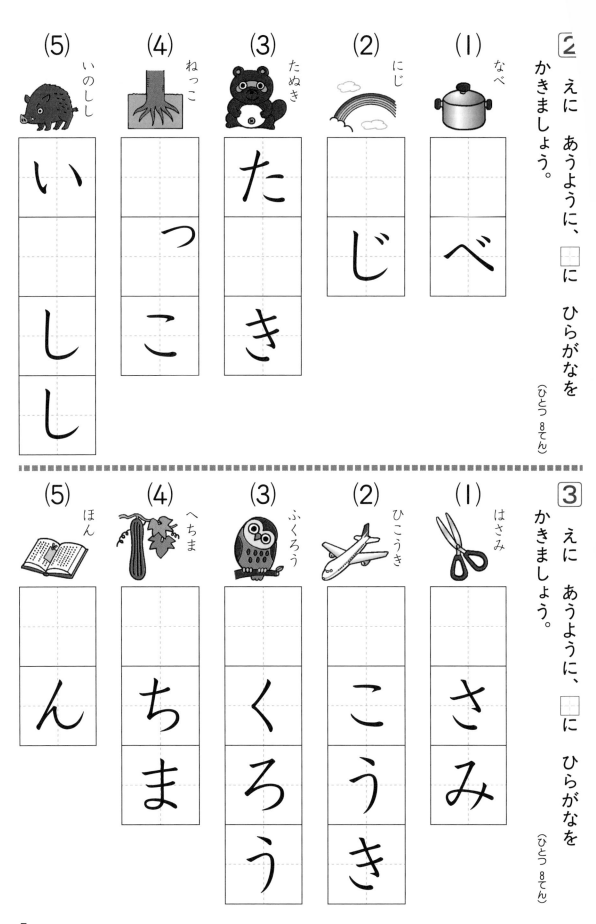

④ ひらがなの れんしゅう④

まみむめも／やいゆえよ

こえに だして、ぶんを よみましょう。

まんげつ まるいよ

ま
み
む
め
も

やぎの やくそく

や
（い）
ゆ
（え）
よ

1 「まみむめも」「やいゆえよ」を かきましょう。

（ぜんぶ かいて 20てん）

とくてん　　てん

ま み む め も

や （い） ゆ （え） よ

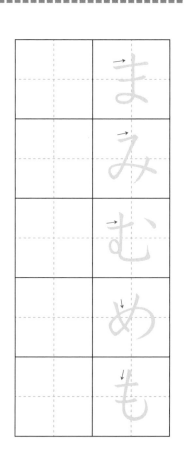

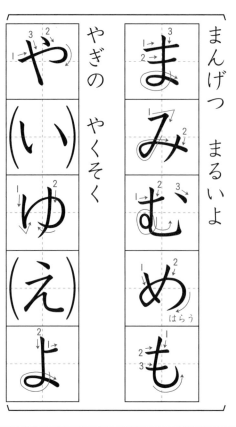

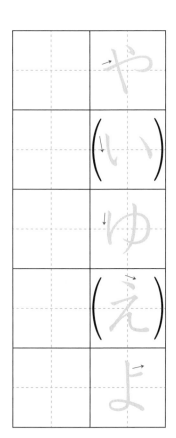

2 えに　あうように、□に　ひらがなを　かきましょう。（ひとつ　8てん）

(1)

まくら

□くら

(2)

すみれ

す□れ

(3)

けむし

け□し

(4)

めがね

□がね

(5)

きもの

き□の

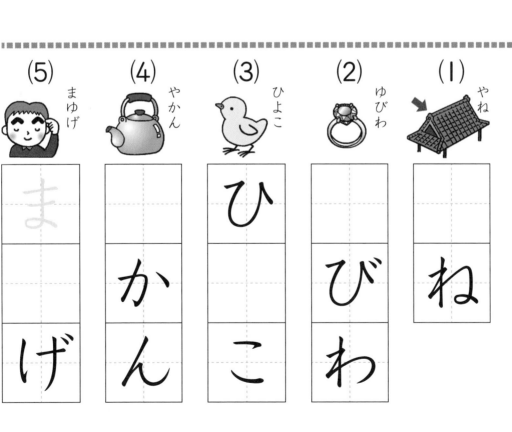

3 えに　あうように、□に　ひらがなを　かきましょう。（ひとつ　8てん）

(1)
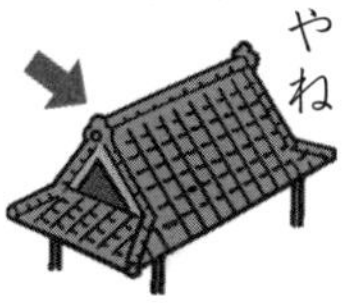
やね

□ね

(2)

ゆびわ

□びわ

(3)

ひよこ

ひ□こ

(4)

やかん

□かん

(5)

まゆげ

ま□げ

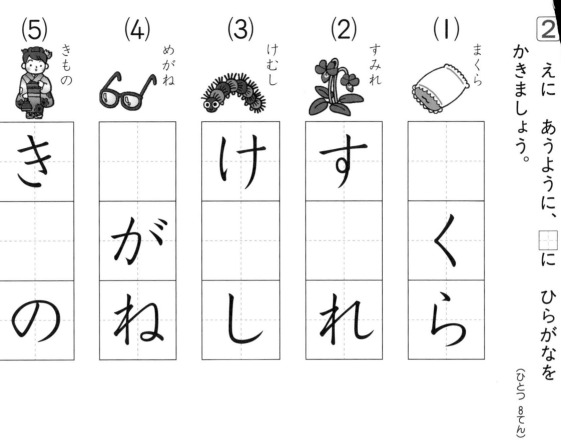

⑤ ひらがなの　れんしゅう⑤

らりるれろ／わいうえを／ん

こえに　だして、ぶんを　よみましょう。

らんらん　らいおん

ら　り　る　れ　ろ

わしが　わらうよ

わ　(い)　(う)　(え)　を

ん

1　「らりるれろ」「わいうえを」「ん」を　かきましょう。

（ぜんぶ　かいて　20てん）

ら　り　る　れ　ろ

わ　(い)　(う)　(え)　を

ん　ん

とくてん

てん

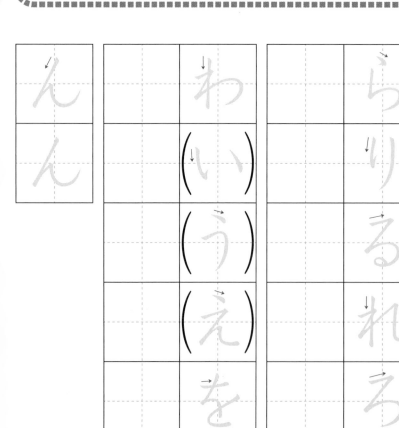

2 えに あうように、□に ひらがなを かきましょう。（ひとつ 8てん）

(1) 
らくだ

□くだ

(2) 
りんご

□んご

(3) 
あひる

あひ□

(4) 
れんこん

□んこん

(5) 
てぶくろ

てぶく□

3 えに あうように、□に ひらがなを かきましょう。（ひとつ 8てん）

(1) 
わに

□に

(2) 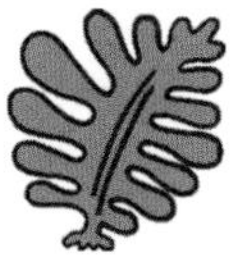
わかめ

□かめ

(3) 
きを きる。

き□きる。

(4) 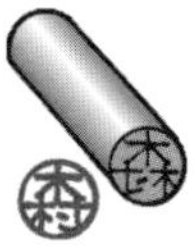
はんこ

は□こ

(5) 
かん

か□

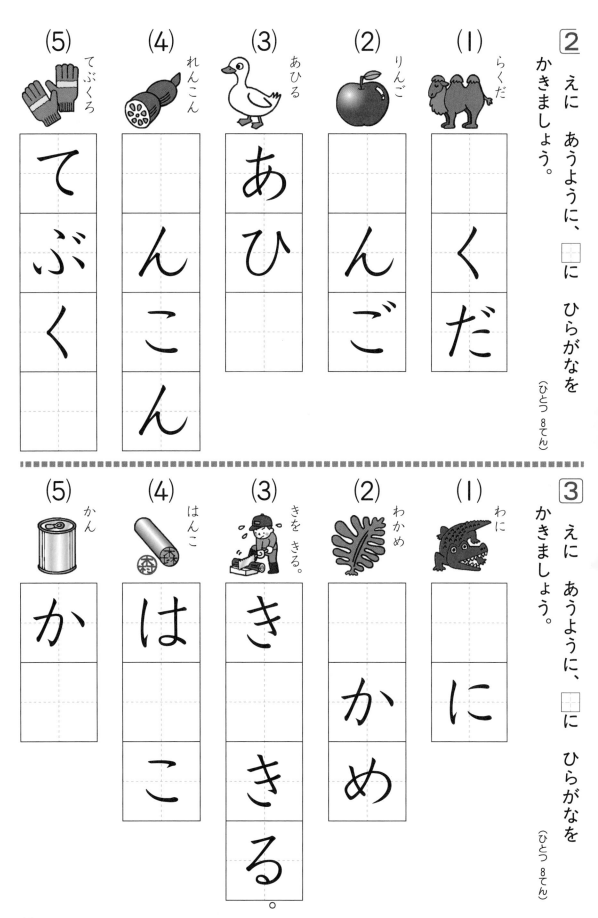

⑥ ひらがなの れんしゅう⑥

とくてん

てん

ひらがなの ひょう

ひらがなの ひょうを かきましょう。

わ	ら	や	ま	は	な	た	さ	か	あ
(い)	り	(い)	み	ひ	に	ち	し	き	い
(う)	る	ゆ	む	ふ	ぬ	つ	す	く	う
(え)	れ	(え)	め	へ	ね	て	せ	け	え
を	ろ	よ	も	ほ	の	と	そ	こ	お
ん									

かいたら、
「あいうえお、
かきくけこ、
さし……」
のように、
よんで みよう。

さ	か	あ
し		い
	く	う
せ		え
	こ	お

1 えに あうように、□に ひらがなを かきましょう。

（ひとつ 10てん）

(1) 

あひる

あ
ひ
る

(2) 

いるか

い
る

(3) 

さんま

ん
ま

(4) 

たぬき

ぬ

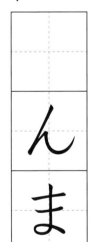

た　つ　と
な　に　ね
は　ふ　ほ
ま　む　も
や　(い)　(え)
ら　る　ろ
わ　(い)　(う)　(え)
ん

(5)

なす

□す

(6)

はし

□し

(7)
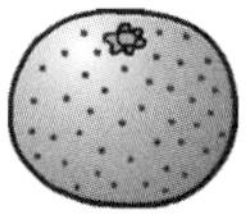
みかん

□□ん

(8)
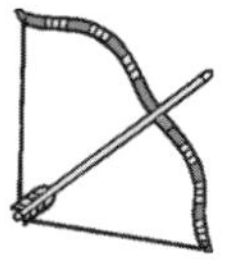
ゆみや

□み□

(9)

いす

□す

(10)

わに

□に

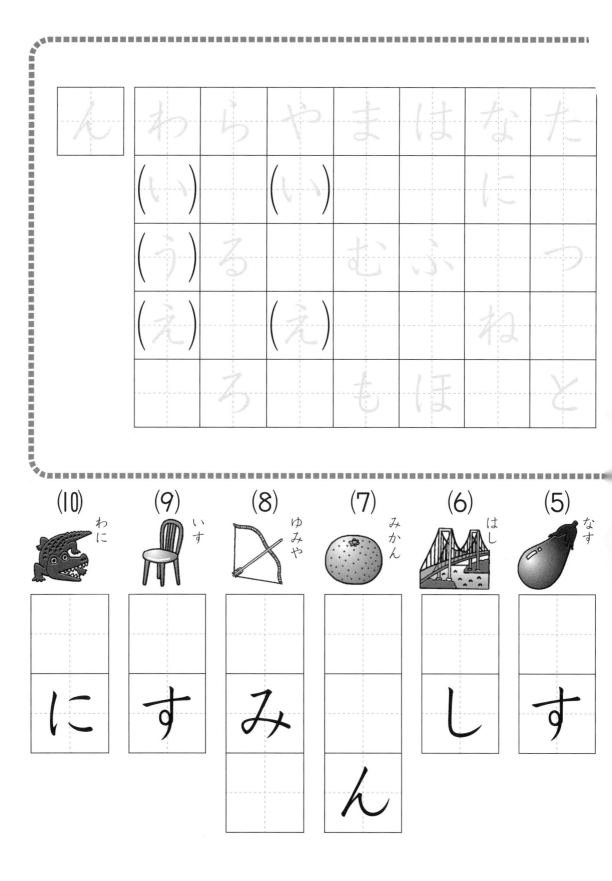

7 ふくしゅうドリル《どりる》①

1 つぎの□に あう ひらがなを かいて、ひょうを つくりましょう。（いちじ 2てん）

(9)	た	(5)	(3)	あ
に	(7)	し	き	(1)
ぬ	つ	(6)	く	う
(10)	て	せ	(4)	(2)
の	(8)	そ	こ	お

2 えに あうように、□に ひらがなを かきましょう。（ひとつ 6てん）

(1) あひる

あ

(2) さくら

(3) きもの

(4) すみれ

とくてん
てん

(11)
ひ
ふ
へ
(12)

ま
(13)
(14)
め
も

(15)
（い）
(16)
（え）
よ

(17)
り
る
(18)
ろ

(19)
（い）
（う）
（え）
(20)

ん

(5) はさみ

(6) かえる

(7) いちご

□□ご

(8) ひよこ

(9) てつぼう

□□ぼう

(10) ひこうき

□□う□

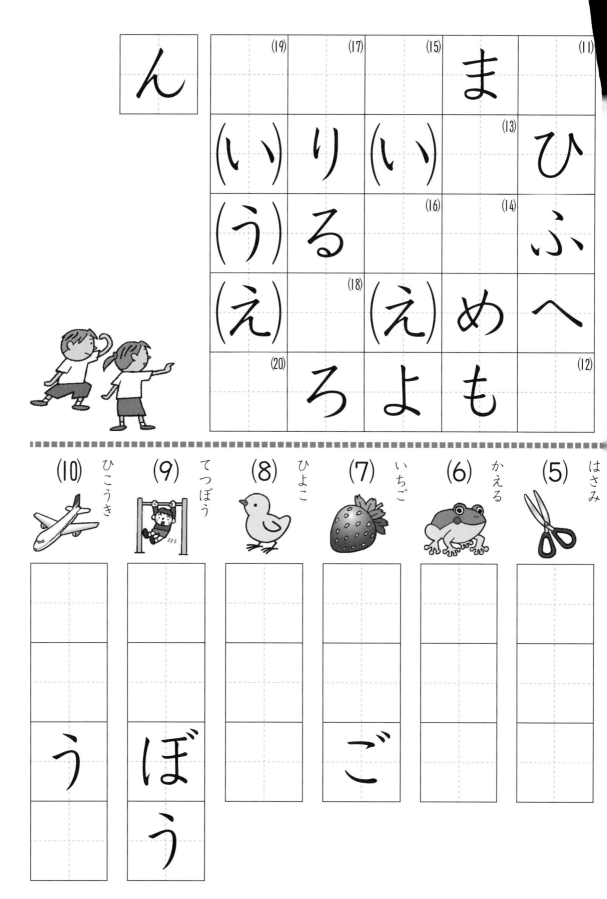

⑧ ひらがなの れんしゅう⑦

「゛《てんてん》」の つく ひらがな①

こえに だして、ぶんを よみましょう。

がぎぐげご

がらがら ごろごろ

ざじずぜぞ

ざあざあ じめじめ

1 「がぎぐげご」「ざじずぜぞ」を かきましょう。

（ぜんぶ かいて 20てん）

が が

ぎ

ぐ

げ

ご

ざ ざ

じ

ず

ぜ

ぞ

とくてん

てん

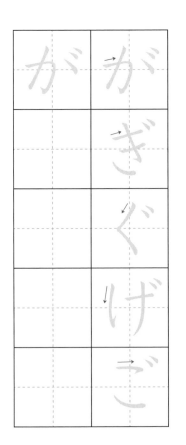

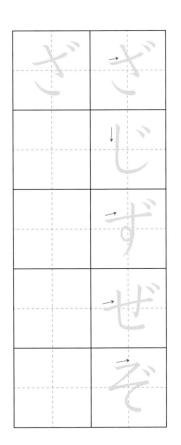

2 えに　あうように、□に　ひらがなを　かきましょう。（ひとつ　8てん）

(1) 
めがね

め が ね

(2) 
のこぎり

の こ □ り

(3) 
もぐら

も □ ら

(4) 
げた

□ た

(5) 
いちご

い ち □

3 えに　あうように、□に　ひらがなを　かきましょう。（ひとつ　8てん）

(1) 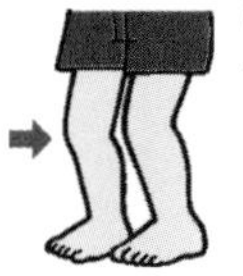
ひざ

ひ ざ

(2) 
にじ

に □

(3) 
すずめ

す □ め

(4) 
かぜ

か □

(5) 
ぞう

□ う

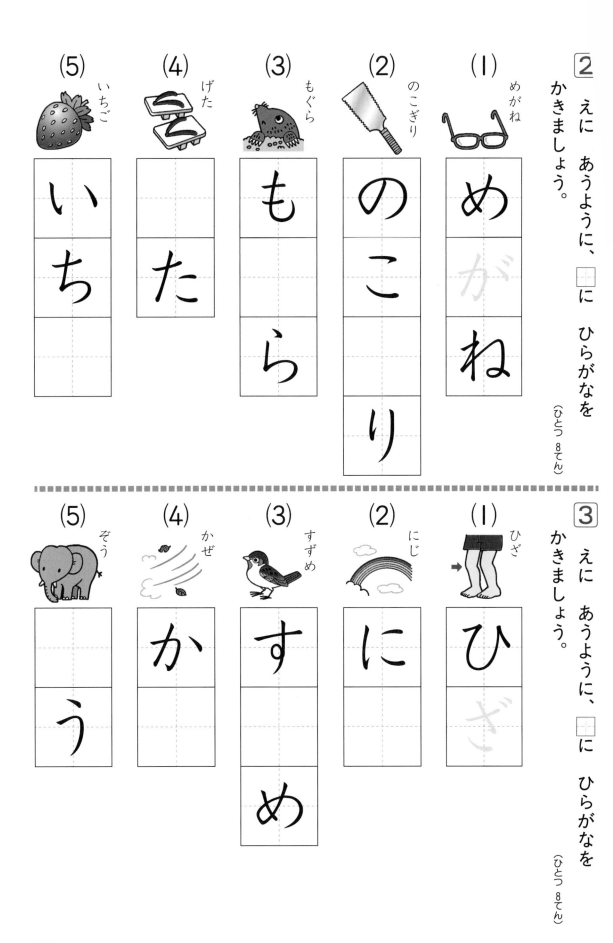

９ ひらがなの れんしゅう⑧

とくてん

てん

「゛《てんてん》」の つく ひらがな②

こえに だして、ぶんを よみましょう。

だぢづでど

だんだん どんどん

ばびぶべぼ

ばさばさ ぶんぶん

1 「だぢづでど」「ばびぶべぼ」を かきましょう。 （ぜんぶ かいて 20てん）

だぢづでど だ

ばびぶべぼ ば

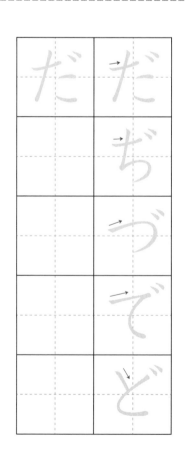

2 えに あうように、□に ひらがなを かきましょう。（ひとつ 8てん）

(1) 
らくだ

ら く だ

(2) 
はなぢ

は な □

(3) 
かんづめ

か ん □ め

(4) 
でんわ

□ ん わ

(5) 
どうろ

□ う ろ

---

3 えに あうように、□に ひらがなを かきましょう。（ひとつ 8てん）

(1) 
ばね

□ ね

(2) 
はなび

は な □

(3) 
ぶた

□ た

(4) 
かべ

か □

(5) 
ぼんぼり

□ ん □ り

10 ひらがなの れんしゅう⑨

とくてん　　てん

ぱぴぷぺぽ

こえに だして、ぶんを よみましょう。

ぴちぴち　ぷるぷる

ぱ ぴ ぷ ぺ ぽ

ちいさく かく「っ」

ちいさく かく「っ」の つかいかたを おぼえましょう。

きつね

きって

1 「ぱぴぷぺぽ」を かきましょう。

(ぜんぶ かいて 10てん)

ぱ ぱ ぴ ぷ ぺ ぽ

2 □に、ちいさく かく 「っ」を かきましょう。

(ぜんぶ かいて 10てん)

っ っ

ちいさく かく「っ」は、□の みぎうえに かくよ。

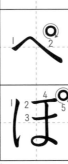

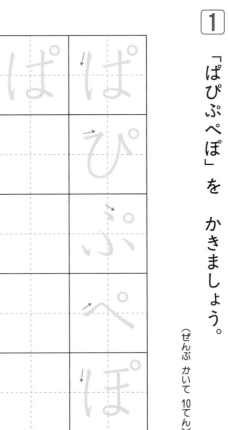

3 えに あうように、□に ひらがなを かきましょう。（ひとつ 8てん）

(1) らっぱ

ら っ ぱ

(2) ぴあの

□ あ の

※「ぴあの」は、カタカナ《かたかな》で かく ことばですが、ここでは ひらがなで れんしゅう します。

(3) おんぷ

お ん □

(4) ぺんき

□ ん き

※「ぺんき」は、カタカナ《かたかな》で かく ことばですが、ここでは ひらがなで れんしゅう します。

(5) たんぽぽ

た ん □ □

4 えに あうように、□に ひらがなを かきましょう。（ひとつ 8てん）

(1) しっぽ

し っ ぽ

(2) らっこ

ら □ こ

(3) きっぷ

き □ ぷ

(4) てっぽう

て □ ぽ う

(5) はらっぱ

は ら □ ぱ

⑪ ひらがなの れんしゅう⑩

のばす おんの ひらがな

のばす おんの かきかたを おぼえましょう。

おばさん

おばあさん

「ば」を のばした ときの おんは、「ばあ」と なります。

おぼえよう

- おかあさん
- おにいさん
- ふうせん
- おねえさん
- おとうさん

1 えに あうように、□に ひらがなを かきましょう。（ひとつ 5てん）

(1) おばさん

お ば さ ん

(2) おばあさん

お ば あ さ ん

(3) おじさん

お じ さ ん

(4) おじいさん

お □ □ □ さ ん

とくてん
てん

2 えに あうように、□に ひらがなを かきましょう。（ひとつ 8てん）

(1) おかあさん

おかあさん

(2) おにいさん

お□□さん

(3) ふうせん

ふ□せん

(4) おねえさん

お□□さん

(5) おとうさん

お□□さん

3 えに あうように、□に ひらがなを かきましょう。（ひとつ 8てん）

(1) おとうと

おとうと

(2) いもうと

いも□と

(3) ひこうき

ひ□□き

(4) てつぼう

てつ□□

(5) にちようび

にち□□び

⑫ ひらがなの れんしゅう⑪

とくてん

てん

ちいさく かく「や・ゆ・よ」①

ちいさく かく「や・ゆ・よ」の つかいかたを おぼえましょう。

やかん

ちゃわん

おぼえよう

- やおや
  おもちゃ
- ひよこ
  りょうり
- ゆび
  あくしゅ

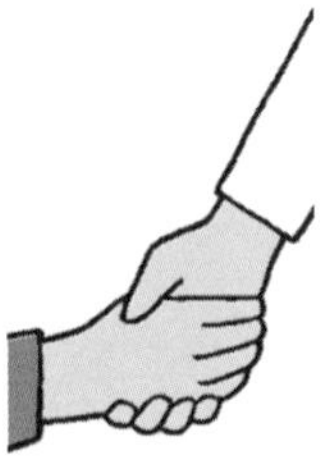

1 □に、ちいさく かく「や・ゆ・よ」を かきましょう。（ぜんぶ かいて 20てん）

や	ゆ	よ
や	ゆ	よ

ちいさく かく「や・ゆ・よ」は、□の みぎうえに かくよ。

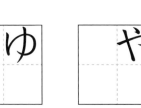

2

えに あうように、□に ひらがなを かきましょう。（ひとつ 8てん）

(1) 
しゃしん
しゃしん

(2) 
あくしゅ
あく□□

(3) 
しょうゆ
□□うゆ

(4) 
でんしゃ
でん□□

(5) 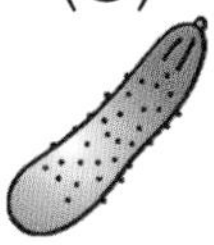
きゅうり
□□うり

3

えに あうように、□に、ひらがなを かきましょう。（ひとつ 8てん）

(1) 
こんにゃく
こんにゃく

(2) 
しゅりけん
□□りけん

(3) 
きょうだい
□□うだい

(4) 
にゅうがく
□□うがく

(5) 
しゃしょう
□□しょう

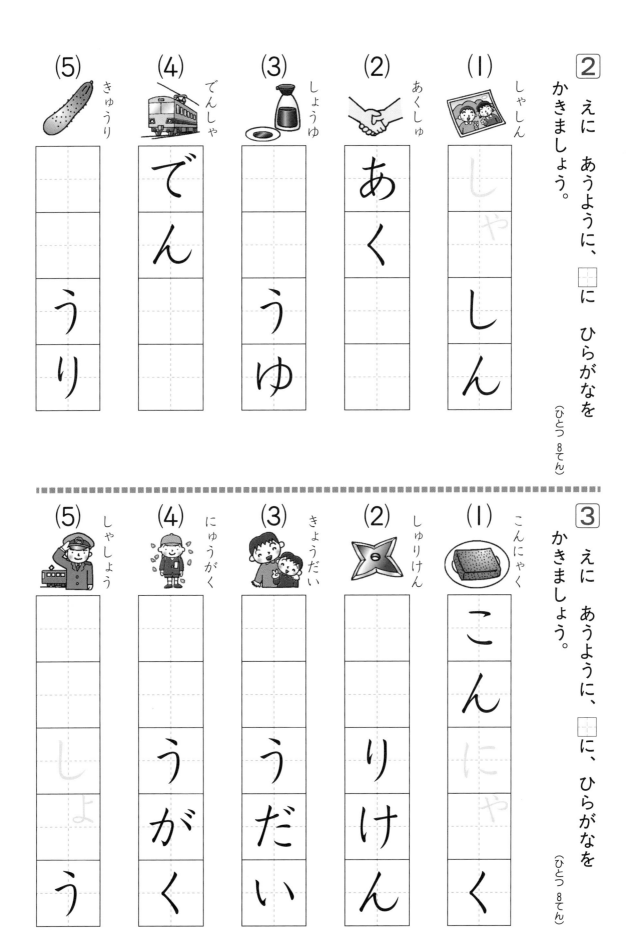

13 ひらがなの れんしゅう⑫

とくてん

てん

ちいさく かく「や・ゆ・よ」②

12かい（24ページ《ぺえじ》）に つづいて、ちいさく かく「や・ゆ・よ」の れんしゅうです。

しゃしん

じゃんけん

おぼえよう

しゅりけん・じゅうえん

きょうしつ・きんぎょ

ひゃくえん・さんびゃく・ろっぴゃく

1 えに あうように、□に ひらがなを かきましょう。（ひとつ 5てん）

(1)

ひゃくえん

(2)

さんびゃく

(3)

きょうしつ

(4)

きんぎょ

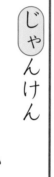

2 えに あうように、□に ひらがなを かきましょう。

（ひとつ 8てん）

(1) 

じゃぐち

じ ゃ ぐ ち

(2) 

じゅうい

じ ゅ う い

(3) 

ぎょうざ

ぎ ょ う ざ

(4) 

びょうぶ

び ょ う ぶ

(5) 

ぴょん

ぴ ょ ん

※(3)「ぎょうざ」は、ふつう カタカナ《かたかな》で かく ことばですが、ここでは ひらがなで れんしゅう します。

3 えに あうように、□に ひらがなを かきましょう。

（ひとつ 8てん）

(1) 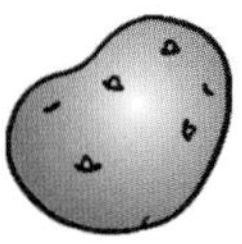

じゃがいも

□ □ が い も

(2) 

じゅぎょう

□ □ ぎ ょ う

(3) 

びょういん

□ □ う い ん

(4) 

はっぴゃく

は っ □ □ く

(5) 

はっぴょう

は っ □ □ う

14 ふくしゅうドリル《どりる》②

1 えに あう ことばを、（　）で かこみましょう。

（ひとつ 5てん）

(1)

- すすめ
- すずめ

(2)

- しっぽ
- しつぽ

(3)

- おとおさん
- おとうさん

(4)

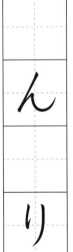

- びよういん
- びょういん

2 えに あうように、□に ひらがなを かきましょう。

（ひとつ 5てん）

(1) めがね

め□ね

(2) はなび

はな□

(3) かんづめ

□ん□め

(4) ぼんぼり

□ん□り

とくてん

てん

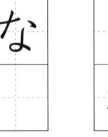

3 えに　あうように、□に　ひらがなを　かきましょう。（ひとつ　6てん）

(1) 
はらっぱ

は｜ら｜□｜ぱ

(2) 
てっぽう

て｜□｜ぽ｜う

(3) 
ふうせん

□｜□｜せ｜ん

(4) 
おかあさん

お｜□｜□｜さ｜ん

(5) 

にちようび

に｜ち｜□｜□｜び

4 えに　あうように、□に　ひらがなを　かきましょう。（ひとつ　6てん）

(1) 
あくしゅ

あ｜く｜□｜□

(2) 
でんしゃ

で｜ん｜□｜□

(3) 
きょうだい

□｜□｜う｜だ｜い

(4) 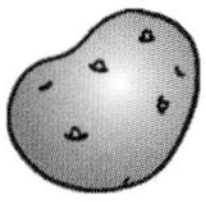
じゃがいも

□｜□｜が｜い｜も

(5) 
はっぴょう

は｜っ｜□｜□｜う

15 カタカナ《かたかな》の れんしゅう①

「ア《あ》」から 「ノ《の》」までの れんしゅう

かきじゅんに 気《き》を つけて、
カタカナ《かたかな》を れんしゅうしましょう。

▶「アイウエオ《あいうえお》」を かきましょう。

ア（はらう） イ ウ（はらう） エ オ（はねる）

▶「カキクケコ《かきくけこ》」を かきましょう。

カ（はらう・はねる） キ ク ケ（はらう） コ

1 えに あうように、□に カタカナ《かたかな》を かきましょう。
（ひとつ 10てん）

(1)

あ	い	ろ	ん
ア		ロ	ン

(2)

え	ぷ	ろ	ん
	プ	ロ	ン

(3)

こ	ろ	っ	け
	ロ	ツ	

(4)

し	い	そ	う
	ー		ー

※カタカナ《かたかな》の のばす 音《おん》は 「ー」を つかいます。

とくてん
てん

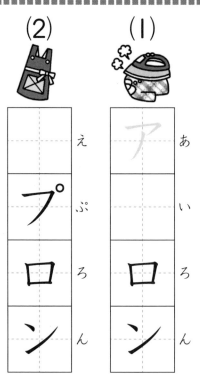

◀「サ《さ》シ《し》ス《す》セ《せ》ソ《そ》」をかきましょう。

サ（はらう） シ（はらう） ス（はらう・とめる） セ ソ（はらう）

◀「タ《た》チ《ち》ツ《つ》テ《て》ト《と》」をかきましょう。

タ（はらう） チ（はらう） ツ（はらう） テ（はらう） ト（とめる）

◀「ナ《な》ニ《に》ヌ《ぬ》ネ《ね》ノ《の》」をかきましょう。

ナ（はらう） ニ ヌ（あける・とめる） ネ（とめる） ノ（はらう）

(5)

たおる

□□ル

(6)

すかあと

□□ー□

(7)

てれび

□レビ

(8)

どうなつ

ドー□□

(9)

そうせえじ

□ー□ージ

(10)

ねくたい

□□□□

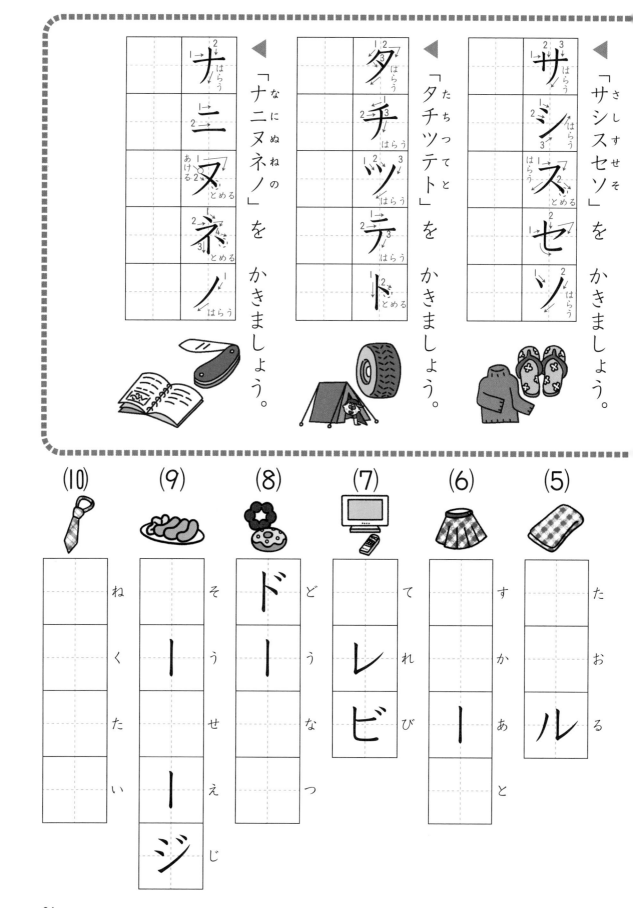

16 カタカナ《かたかな》の れんしゅう②

「ハ」《は》から 「ン」《ん》までの れんしゅう

かきじゅんに、気《き》を つけて、カタカナ《かたかな》を れんしゅうしましょう。

▶「ハ《は》ヒ《ひ》フ《ふ》ヘ《へ》ホ《ほ》」を かきましょう。

ハ (とめる)	ハ
ヒ	
フ (はらう)	
ヘ	
ホ (はねる)	

▶「マ《ま》ミ《み》ム《む》メ《め》モ《も》」を かきましょう。

マ (とめる)	
ミ	
ム (とめる)	
メ (とめる・はらう)	
モ	

1 えに あうように、□に カタカナ《かたかな》を かきましょう。（ひとつ 10てん）

とくてん　　てん

(1)
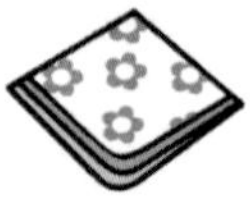

は	ん	か	ち
ハ		カ	チ

(2)

ほ	て	る
	テ	

(3)

お	む	れ	つ
オ			ツ

(4)

も	の	れ	え	る
	ノ		ー	

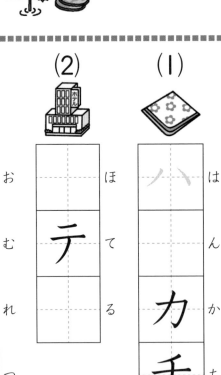

「ヤ《や》イ《い》ユ《ゆ》エ《え》ヨ《よ》」を　かきましょう。

ヤ
(イ)
ユ
(エ)
ヨ

「ラ《ら》リ《り》ル《る》レ《れ》ロ《ろ》」を　かきましょう。

ラ
リ　はらう
ル　はらう
レ
ロ

「ワ《わ》イ《い》ウ《う》エ《え》ヲ《を》」を　かきましょう。

ワ　はらう
(イ)
(ウ)
(エ)
ヲ　はらう

「ン《ん》」を　かきましょう。

ン

(5)

たいや

タ　イ

(6)

ゆにほうむ

ニ　ー

(7)

らんどせる

ド　セ

(8)

めろん

(9)

ふらいぱん

イ　パ

(10)

ぺんぎん

ペ　ギ

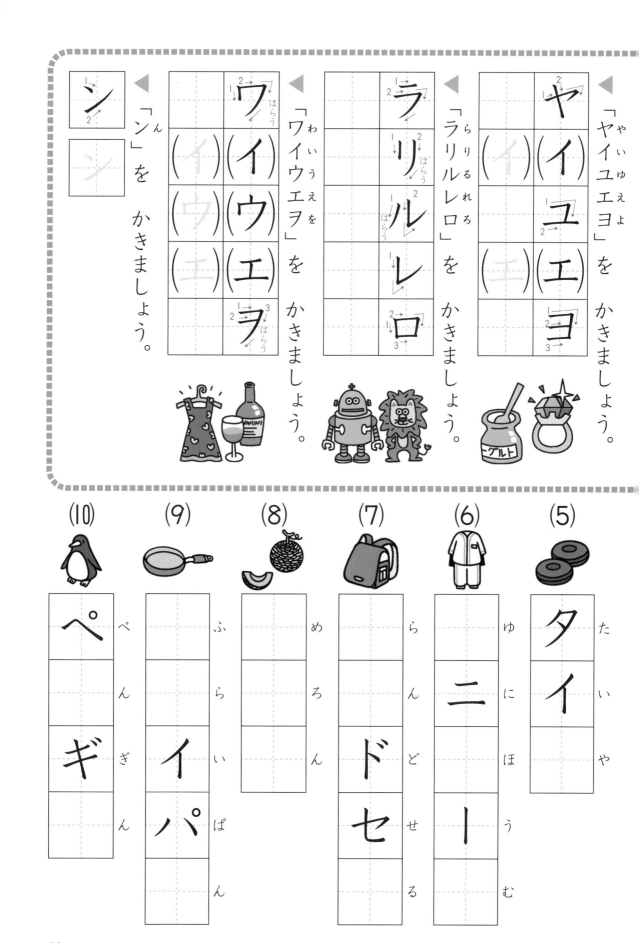

17 カタカナ《かたかな》の れんしゅう③

とくてん

てん

カタカナ《かたかな》の ひょう

カタカナ《かたかな》の ひょうを かきましょう。

ワ	ラ	ヤ	マ	ハ	ナ	タ	サ	カ	ア
(イ)	リ	(イ)	ミ	ヒ	ニ	チ	シ	キ	イ
(ウ)	ル	ユ	ム	フ	ヌ	ツ	ス	ク	ウ
(エ)	レ	(エ)	メ	ヘ	ネ	テ	セ	ケ	エ
ヲ	ロ	ヨ	モ	ホ	ノ	ト	ソ	コ	オ

ン

かいたら、
「アイウエオ《あいうえお》、
カキクケコ《かきくけこ》、
サシ《さし》……」
のように、
よんで みよう。

ア	カ	
イ		シ
ウ	ク	
エ		セ
オ	コ	

1 えに あうように、□に カタカナ《かたかな》を かきましょう。（ひとつ 10てん）

(1)

ラ（らいおん）

(2)

ガ（おるがん）

(3)

（くれよん）

(4)

ー（うえはあす）

タ チ テ
ナ ヌ ノ
ヒ ヘ
マ ム モ
(イ) (エ)
リ レ
ワ (イ) (ウ) (エ) ヲ
ン

(5)

ねっくれす
□ツ□□□

(6)

はあもにか
□ー□□□

(7)

へるめっと
□□□ツ□

(8)

はむすたあ
□□□□ー

(9)

ようぐると
□ーグ□□

(10)

ろけっと
□□ツ□

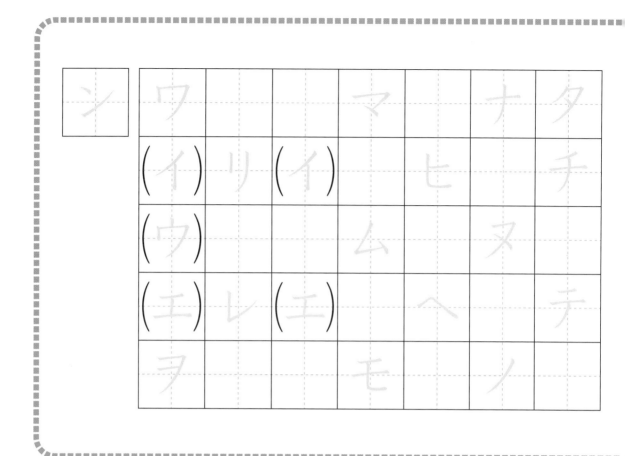

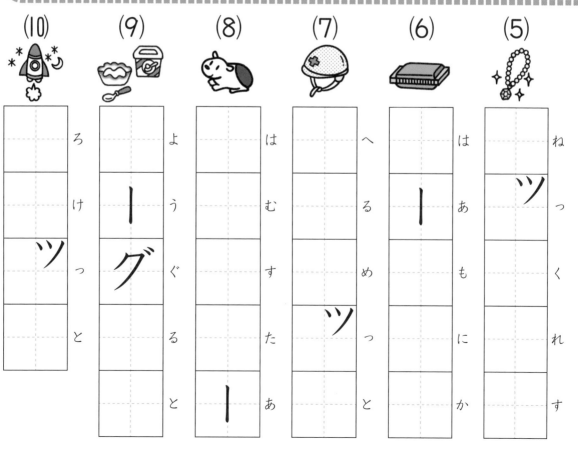

18 カタカナ《かたかな》の れんしゅう④

まちがえやすい カタカナ《かたかな》

カタカナ《かたかな》の 中《なか》には、かたちが よく にた 字《じ》が あります。

かたちの ちがう ところに、気《き》を つけましょう。

おぼえよう

- ク…クレヨン（くれよん）
- タ…タオル（たおる）
- メ…メロン（めろん）
- ナ…ナイフ（ないふ）
- ス…スカート（すかあと）
- ヌ…カヌー（かぬう）
- ア…コアラ（こあら）
- マ…マイク（まいく）

1 □の カタカナ《かたかな》を えらんで、○で かこみましょう。（ひとつ 5てん）

(1) て　チ　テ

(2) た　タ　ク

(3) す　ヌ　ス

(4) め　ナ　メ

(5) ん　ン　ソ

(6) し　ツ　シ

とくてん　　てん

2 かたちに 気《き》を つけて、□に カタカナ《かたかな》を かきましょう。

（ひとつ 5てん）

(1) マ《ま》フ《ふ》ラ《ら》ー《あ》・□《ら》イ《い》オ《お》ン《ん》

(2) バ《ば》ケ《け》□《つ》・□《し》ー《い》ル《る》

(3) □《め》ダ《だ》ル《る》・カ《か》□《な》リ《り》ア《あ》

(4) メ《め》ロ《ろ》□《ん》・□《そ》ー《う》ス《す》

(5) □《ま》イ《い》ク《く》・□《あ》イ《い》ロ《ろ》ン《ん》

---

3 ――の カタカナ《かたかな》は まちがって います。右《みぎ》がわに 正《ただ》しい カタカナ《かたかな》を かきましょう。

（ひとつ 5てん）

〈れい〉 パ《ぱ》ン《ん》ダ《だ》と コ《こ》マ《あ》ラ《ら》を 見《み》る。　ア

(1) ヌ《す》カ《か》ー《あ》ト《と》と ブ《ぶ》ラ《ら》ウ《う》ス《す》を かう。

(2) ナ《な》イ《い》フ《ふ》で テ《ち》ー《い》ズ《ず》を きる。

(3) コ《こ》ロ《ろ》ツ《っ》ケ《け》に ン《そ》ー《う》ス《す》を かける。

(4) ケ《け》ー《え》キ《き》と ド《ど》ー《う》ナ《な》シ《つ》を たべる。

19 カタカナ《かたかな》の れんしゅう⑤

カタカナ《かたかな》の かきあらわしかた

① 「゛《てんてん》」や 「゜《まる》」の つく カタカナ《かたかな》。

ガ ザ ダ バ パ

ダンス《だんす》

パン《ぱん》

ピアノ《ぴあの》

② のばす 音《おん》。

ー

ケーキ《けえき》

ドーナツ《どうなつ》

ボート《ぼうと》

③ 小《ちい》さく かく カタカナ《かたかな》。

ツ ヤ ユ ヨ

コップ《こっぷ》

1 えに あう ことばを、◯で かこみましょう。（ひとつ 5てん）

(1)

バジャマ
パジャマ

(2)

ケエキ
ケーキ

(3)

ヨツト
ヨット

(4)

シャワー
シヤワー

とくてん
てん

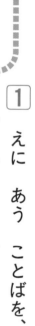

2

□に、「゛」《てんてん》や 「゜」《まる》の つく カタカナ《かたかな》を かきましょう。（ひとつ 6てん）

(1) ばす

□ ス

(2) ぱん

□ ン

(3) べんち

□ ン チ

(4) ごりら

□ リ ラ

(5) ぺんぎん

□ ン □ ン

3

えに あうように、□に カタカナ《かたかな》を かきましょう。（ひとつ 10てん）

(1) ぱとかあ

□ ト カ □

(2) しゃべる

□ □ □ ル

(3) ちょうく

□ □ □ ク

(4) こうひい

コ □ □ □

(5) じゅうす

□ □ □ ス

20 ふくしゅうドリル《どりる》③

1 えに あう ことばを、◯で かこみましょう。（ひとつ 4てん）

(1)

コツプ
コップ

(2)

ペンギン
ベンギン

(3)

チョウク
チョーク

(4)

コオヒイ
コーヒー

2 えに あうように、□に カタカナ《かたかな》を かきましょう。（ひとつ 6てん）

(1)

ねくたい

(2)

おむれつ

(3)
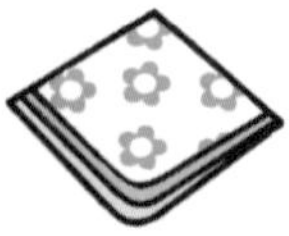
はんかち

(4)

らいおん

とくてん
てん

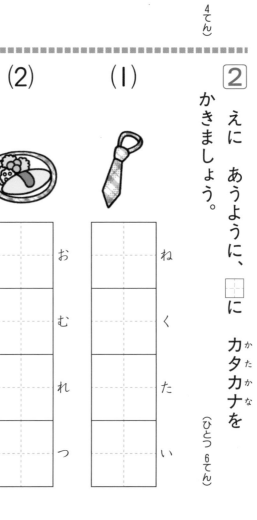

3 えに あうように、□に カタカナ《かたかな》を かきましょう。（ひとつ 8てん）

(1) しゃべる

(2) じゅうす

(3) ようぐると

(4) ねっくれす

(5) そうせえじ

4 カタカナ《かたかな》の まちがいに ×を つけて、右《みぎ》がわに 正《ただ》しい カタカナ《かたかな》を かきましょう。（ひとつ 5てん）

〈れい〉 ドー~~メ~~ツ《どうなつ》と　ケーキ《けえき》を　もらう。（ナ）

(1) シヤシ《しゃつ》に　アイロン《あいろん》を　かける。

(2) メロン《めろん》を　ヌプーン《すぷうん》で　たべる。

(3) チレビ《てれび》で　ライオン《らいおん》を　見《み》る。

(4) クレヨン《くれよん》で　コマラ《こあら》を　かく。

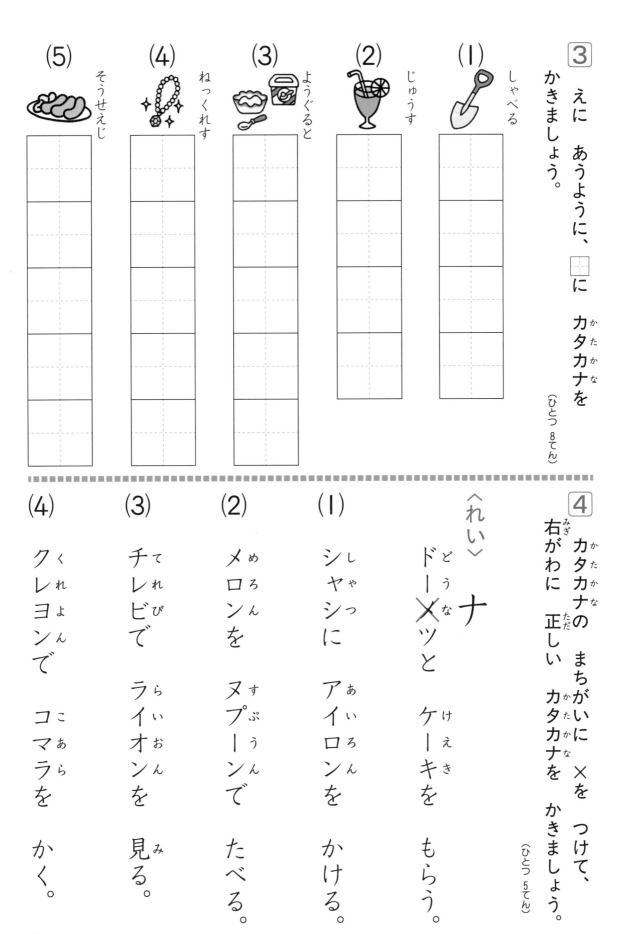

21 なかまの ことば①

あいさつの ことば

あいさつの ことばを おぼえましょう。

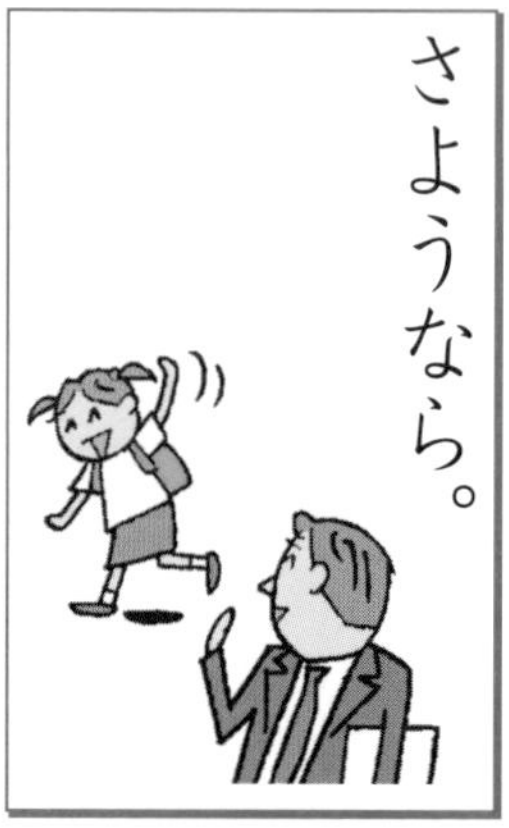

あさ あった ときは「おはよう」、わかれる ときは「さようなら」を つかいます。

おぼえよう

- いただきます。（たべる とき）
- ごちそうさま。（たべおわった とき）
- いって きます。（出《で》かける とき）
- ただいま。（かえった とき）

1 えに あう あいさつの ことばを、◯で かこみましょう。（ひとつ 10てん）

(1)

おはよう。

さようなら。

(2)

ごちそうさま。

いただきます。

(3)

ただいま。

いって きます。

とくてん

てん

2 えに　あう　あいさつの　ことばを、□から　えらんで　かきましょう。（ひとつ　10てん）

(1)

（　　　）

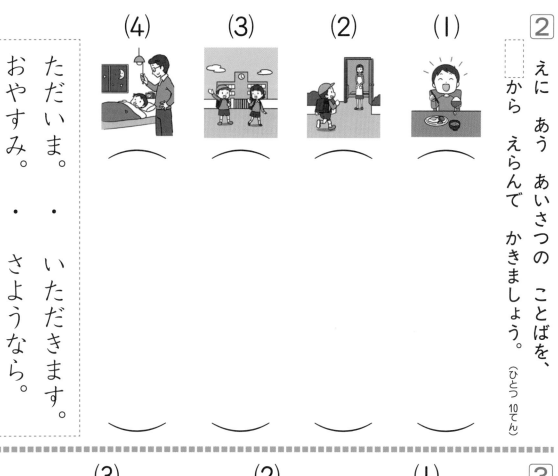

(2)

（　　　）

(3)

（　　　）

(4)

（　　　）

ただいま。・　いただきます。
おやすみ。・　さようなら。

3 つぎの　ときには、どんな　あいさつの　ことばを　つかいますか。（　）に　かきましょう。（ひとつ　10てん）

(1) あさ、人《ひと》に　あった　とき。
（　　　）

(2) たべおわった　とき。
（　　　）

(3) いえから　出《で》かける　とき。
（　　　）

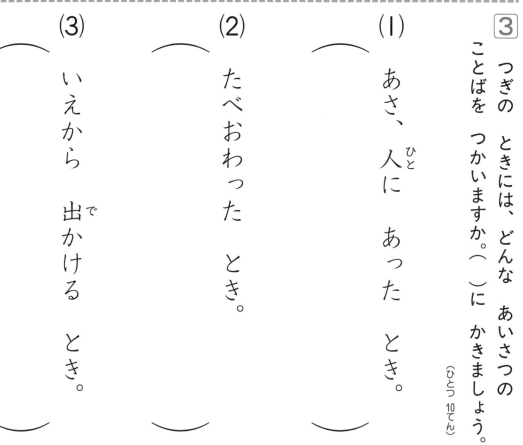

22 なかまの ことば②

学校《がっこう》に ある ものの 名《な》まえ

学校《がっこう》に ある ものの 名《な》まえを おぼえましょう。

校《こう》もん

きょうしつ

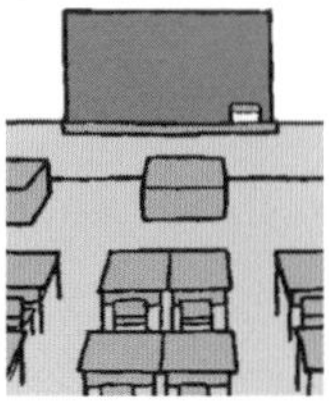

こくばん

学校《がっこう》の 出入《でい》り口《ぐち》の もんが 「校《こう》もん」、「きょうしつ」は みんなで べんきょうする ところ、「こくばん」は チョークで 字《じ》を かく ものです。

おぼえよう

- つくえ
- 音《おん》がくしつ
- いす
- げたばこ

1 えに あう ことばを、◯で かこみましょう。

（ひとつ 8てん）

(1)

こくばん
げたばこ

(2)

つくえ
チョーク

(3)

校《こう》もん
音《おん》がくしつ

とくてん

てん

2 えに あう 名《な》まえを かきましょう。（ひとつ 8てん）

(1)

（ つくえ ）

(2)

（　　）

(3)

（　　）

(4)

（　　）

(5)

（　　）

3 つぎのように つかう ものの 名《な》まえを かきましょう。（ひとつ 9てん）

(1) チョークで 字《じ》や えを かく もの。

（ こくばん ）

(2) 学校《がっこう》の 出入《でい》り口《ぐち》に ある もん。

（　　）

(3) みんなで べんきょうする ところ。

（　　）

(4) くつを しまう ところ。

（　　）

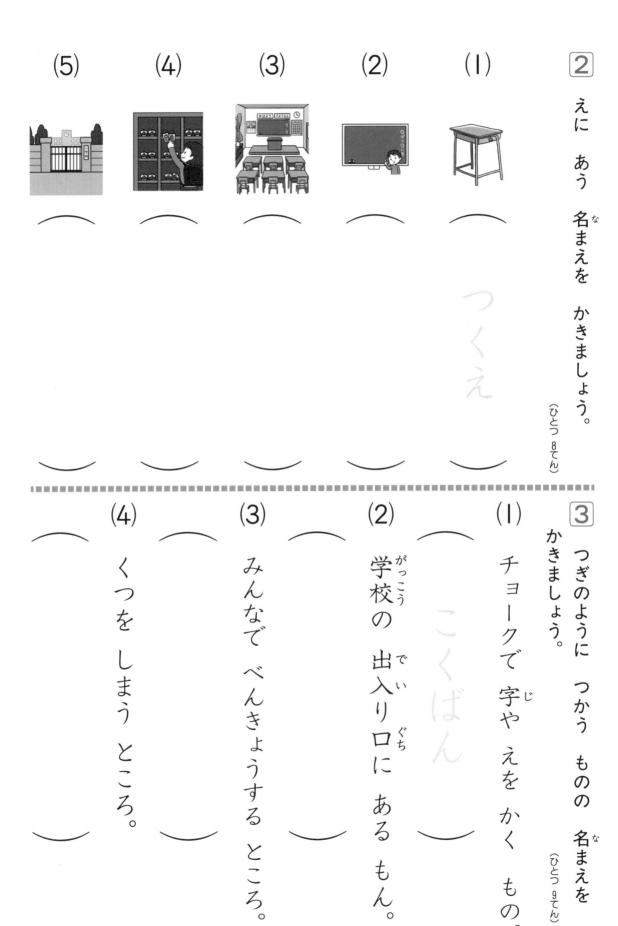

23 なかまの ことば③

名《な》まえを あらわす ことば

ものの 名《な》まえを あらわす ことばが あります。

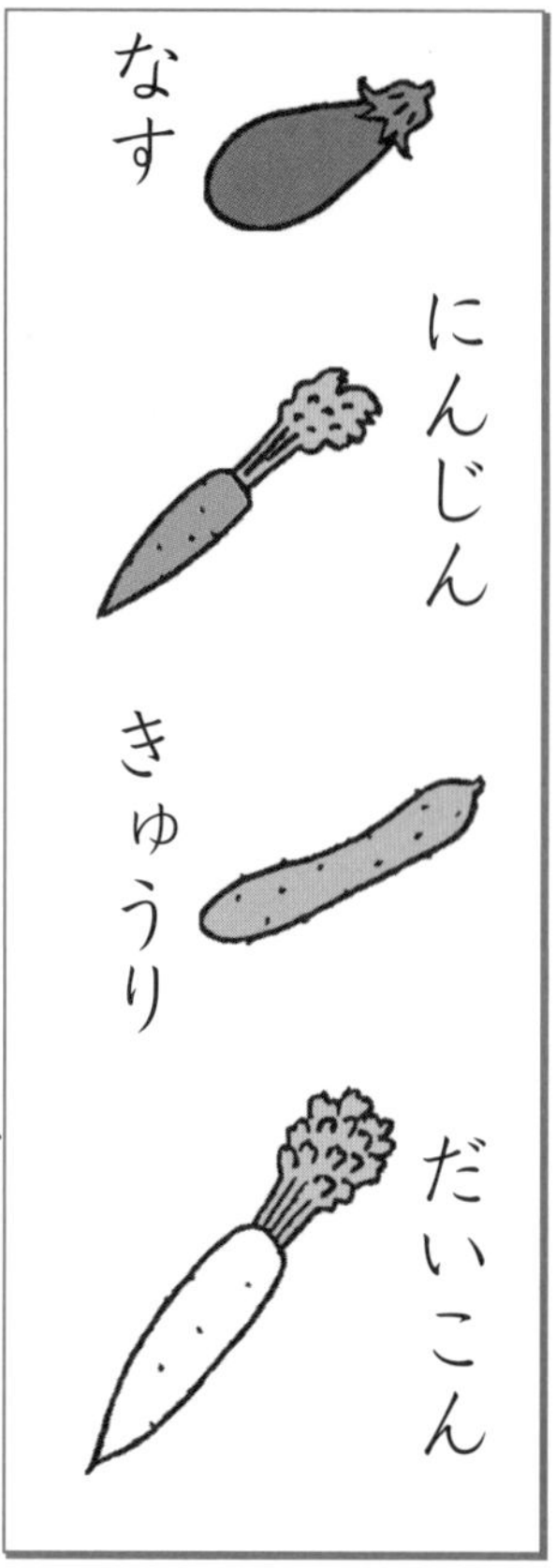

これらは、「やさい」の 名《な》まえです。

おぼえよう

- りんご・みかん・ぶどう（くだもの）
- とんぼ・せみ・ばった・ちょう（虫《むし》）
- すずめ・はと・からす・つばめ（とり）
- さくら・ばら・すみれ・たんぽぽ（花《はな》）

1 えに あう ことばを、◯で かこみましょう。

（ひとつ 5てん）

(1)

なす
かさ

(2)

ちょう
とんぼ

(3)

はと
からす

(4)

すみれ
たんぽぽ

とくてん　　てん

2 えに あう ことばを、［　］から えらんで かきましょう。（ひとつ 8てん）

(1)

みかん

(2)

(3)

(4)

(5)

みかん・ちょう・めだか・ねぎ・ばら

3 上《うえ》の えの 名《な》まえを、「やさい」と「とり」に わけて かきましょう。（ひとつ 8てん）

(1) やさい

(2) とり

24 なかまの ことば④

なかまに なる ことば

ことばは、なかまに わける ことが できます。

おぼえよう

- ひこうき・じどう車《しゃ》・ふね・でん車《しゃ》
- ふえ・ピアノ・たいこ・すず
- シャツ・ズボン・スカート・くつ下《した》
- くつ・サンダル・ながぐつ

1 えに あう ことばを、○で かこみましょう。（ひとつ 6てん）

(1)

ねこ
くつ

(2)

こい
たいこ

(3)

ながぐつ
ねずみ

(4)

ピアノ
ふえ

とくてん
てん

2 〔　〕と　おなじ　なかまの　ことばを、□から　えらんで　かきましょう。（ひとつ　7てん）

(1)〔こい・たい　さんま〕（　　）

(2)〔ピアノ・すず　たいこ〕（　　）

(3)〔シャツ・くつ下《した》　ズボン〕（　　）

(4)〔でん車《しゃ》・ふね　じどう車《しゃ》〕（　　）

ふえ・ひらめ
スカート・ひこうき

3 おなじ　なかまの　ことばを、□から　二《ふた》つずつ　えらんで　かきましょう。（ひとつ　8てん）

(1) 犬《いぬ》・ねこ・ぶた
（　　）（　　）

(2) りんご・メロン・なし
（　　）（　　）

(3) ひこうき・じどう車《しゃ》
（　　）（　　）

さる・ぶどう・ふね
うし・でん車《しゃ》・みかん

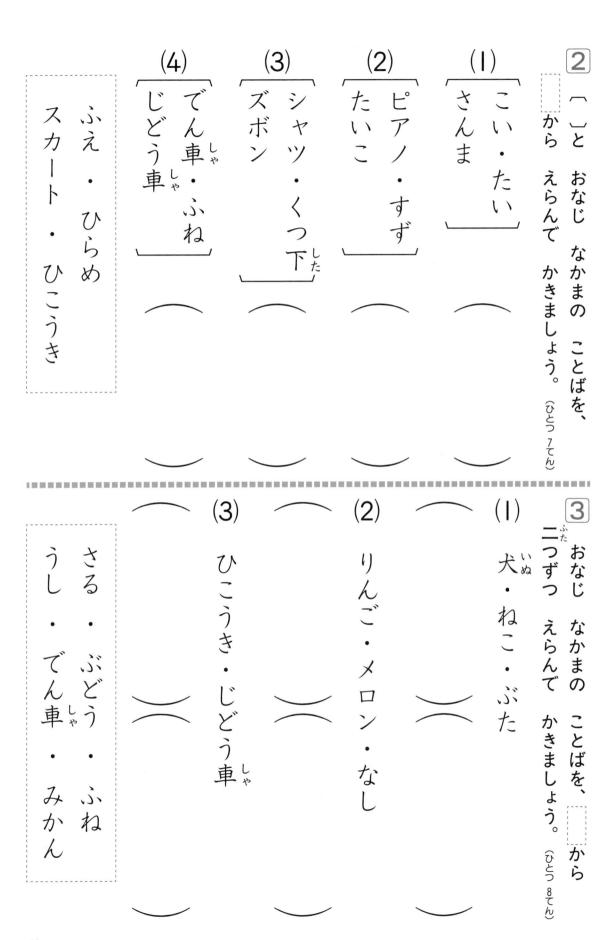

25 なかまの ことば⑤

ひとまとめに した いいかた

なかまの ことばを ひとまとめに した いいかたが あります。

犬《いぬ》 ねこ さる うま → どうぶつ

「犬《いぬ》・ねこ・さる・うま」などは、「どうぶつ」の なかまです。

おぼえよう

- ひこうき・ふね・でん車《しゃ》→ のりもの
- りんご・みかん・ぶどう → くだもの
- ふえ・ピアノ・たいこ → がっき
- すみれ・ばら・たんぽぽ → 花《はな》
- えんぴつ・ノート・はさみ → ぶんぼうぐ

1 □の なかまの ことばを、二《ふた》つずつ えらんで、○で かこみましょう。（ひとつ 3てん）

(1) どうぶつ　ねこ・くつ　かさ・さる

(2) くだもの　ひこうき・なす　もも・りんご

(3) がっき　本《ほん》・ふえ　ピアノ・犬《いぬ》

(4) のりもの　えんぴつ・ふね　うさぎ・でん車《しゃ》

とくてん　てん

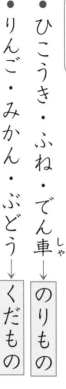

2 〔　〕の　ことばを　ひとまとめに　した　いいかたを、［　］から　えらんで　かきましょう。（ひとつ　7てん）

(1) 〔たい・ひらめ　さけ・めだか〕（　　）

(2) 〔りんご・もも　ぶどう・みかん〕（　　）

(3) 〔シャツ・ズボン　セーター〕（　　）

(4) 〔赤《あか》・きいろ　むらさき〕（　　）

［くだもの・いろ　ふく・さかな］

3 つぎの　なかまの　ことばを、［　］から　二《ふた》つずつ　えらんで　かきましょう。（ひとつ　8てん）

(1) どうぶつ（　　）（　　）

(2) 花《はな》（　　）（　　）

(3) ぶんぼうぐ（　　）（　　）

［くま・すみれ・はさみ　えんぴつ・ばら・犬《いぬ》］

26 なかまの ことば⑥

つながりの ある ことば

ことばには、つながりを あらわす ものが あります。

「はる」の つぎに「なつ」、「なつ」の つぎに「あき」……と いうような、じゅんじょが あります。

おぼえよう

- おととい→きのう→きょう→あす→あさって
- あさ→ひる→夕《ゆう》がた→よる

1 つながりが あう ほうの ことばを、○で かこみましょう。（ひとつ 9てん）

(1) はる→｛なつ／ふゆ｝→

あき→｛なつ／ふゆ｝→はる

(2) きのう→｛きょう／さっき｝→あす

(3) あさ→｛はる／ひる｝→夕《ゆう》がた

とくてん　　てん

2 （　）に　あう　つながりの　ある　ことばを、［　］から　えらんで　かきましょう。（ひとつ　8てん）

(1) はる→なつ→（あき）→ふゆ

(2) おととい→（　　）→（　　）→きょう

(3) きょねん→（　　）→（　　）→らいねん

［きのう・あき・ことし］

3 （　）に　あう　つながりの　ある　ことばを　かきましょう。（ひとつ　10てん）

(1) はる→（　　）→あき→（　　）→はる

(2) きょう→（　　）→あさって

(3) あさ→（　　）→夕《ゆう》がた→よる

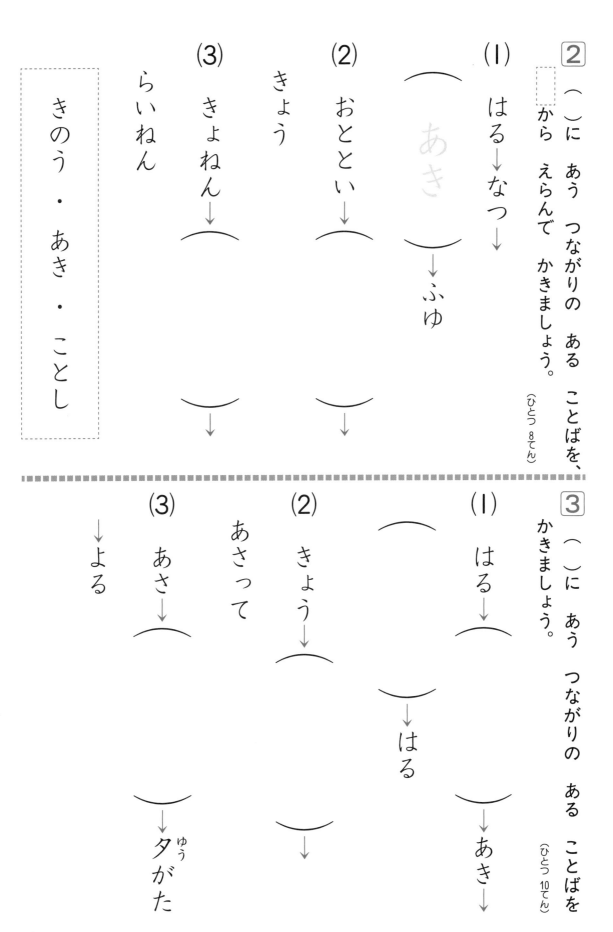

27 ふくしゅうドリル《どりる》④

1 えに　あう　あいさつの　ことばを、［　］から　えらんで　かきましょう。（ひとつ　5てん）

(1) 
（　　　　　　）

(2) 
（　　　　　　）

(3) 
（　　　　　　）

(4) 
（　　　　　　）

いって　きます。・　おはよう。
さようなら。・　ごちそうさま。

2 おなじ　なかまの　ことばを、［　］から　二《ふた》つずつ　えらんで　かきましょう。（ひとつ　5てん）

(1) ふえ・すず・ハーモニカ
（　　　　）（　　　　）

(2) ひこうき・じどう車《しゃ》
（　　　　）（　　　　）

でん車《しゃ》・りんご・たいこ
くつ下《した》・ピアノ・ふね

とくてん

てん

3 つぎの　なかまの　ことばを、□から
二《ふた》つずつ　えらんで　かきましょう。（ひとつ　6てん）

(1) いろ

（　　　　）（　　　　）

(2) どうぶつ

（　　　　）（　　　　）

(3) くだもの

（　　　　）（　　　　）

きいろ・みかん・ねこ
くま・赤《あか》・りんご

4 （　）に　あう　つながりの　ある　ことばを
かきましょう。（ひとつ　6てん）

(1) はる→（　　　　）→（　　　　）→ふゆ→はる

(2) あさ→ひる→（　　　　）→よる

(3) きのう→（　　　　）→あす→あさって

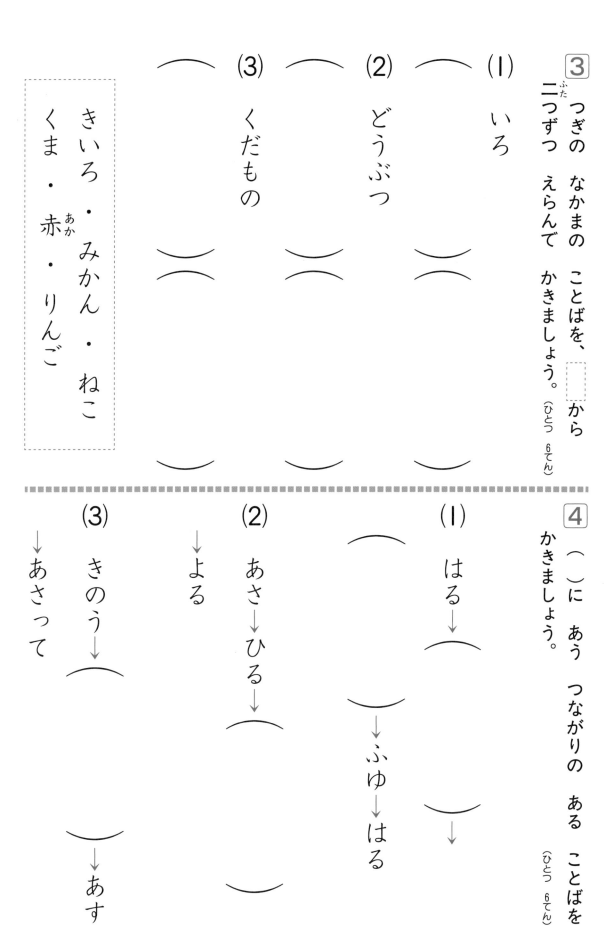

28 うごきを あらわす ことば①

とくてん
てん

うごきを あらわす ことば①

ことばには、うごきを あらわす ものが あります。

なげる
かく
たたく
はしる
あるく
とぶ
たべる
のむ
はなす

1 えに あう ことばを、○で かこみましょう。（ひとつ 5てん）

(1)

あるく（○）
とぶ

(2)

たべる
かく

(3)

たたく
さく

(4)

はしる
のむ

2 （　）に　あう　ことばを、[　]から　えらんで　かきましょう。（ひとつ　10てん）

(1)

字《じ》を（　かく　）。

(2)

たいこを（　　）。

(3)

おちゃを（　　）。

(4)

ケーキを（　　）。

のむ・たべる かく・たたく

3 えに　あうように、（　）に　あう　ことばを　かきましょう。（ひとつ　10てん）

(1)

本《ほん》を（　よむ　）。

(2)

水《みず》を（　　）。

(3)

字《じ》を（　　）。

(4)

とを（　　）。

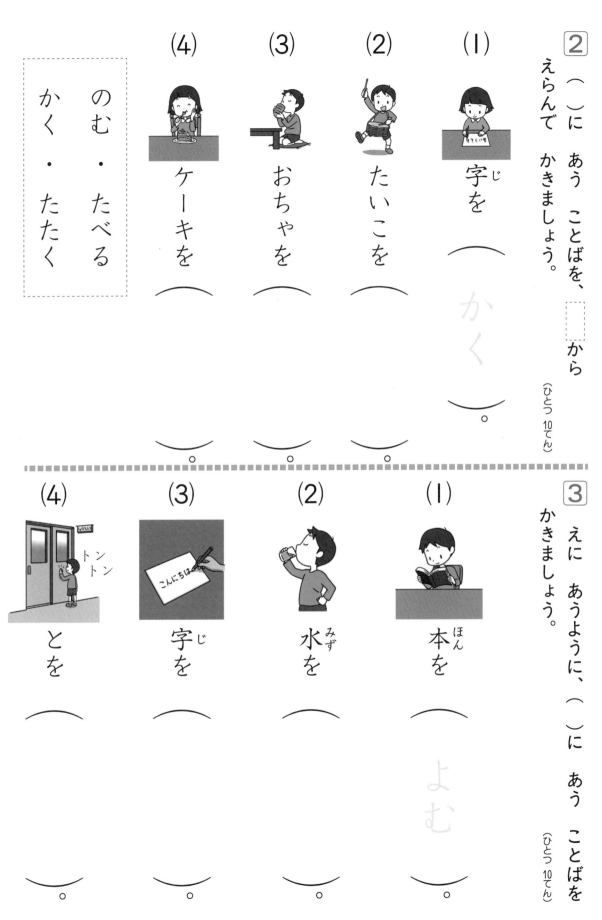

29 うごきを　あらわす　ことば②

とくてん　　てん

うごきを　あらわす　ことば②

28かい（56ページ）の　ほかにも、うごきを　あらわす　ことばが　あります。

1　えに　あう　ことばを、〇で　かこみましょう。（ひとつ　8てん）

(1)

かえる
ほえる

(2)

あける
ける

(3)

およぐ
のぼる

(4)

にげる
やすむ

2 （　）に あう ことばを、[　　]から えらんで かきましょう。（ひとつ 8てん）

(1)

うさぎが（　　　　　　）。

(2)

とを（　　　　　　）。

(3)

犬《いぬ》が（　　　　　　）。

(4)

木を（　　　　　　）。

ほえる・のぼる
あける・にげる

3 つぎの ことばを つかって、文《ぶん》を つくりましょう。（ひとつ 12てん）

(1) あける

ドアを
あける。

(2) およぐ

ぼくは

(3) にげる

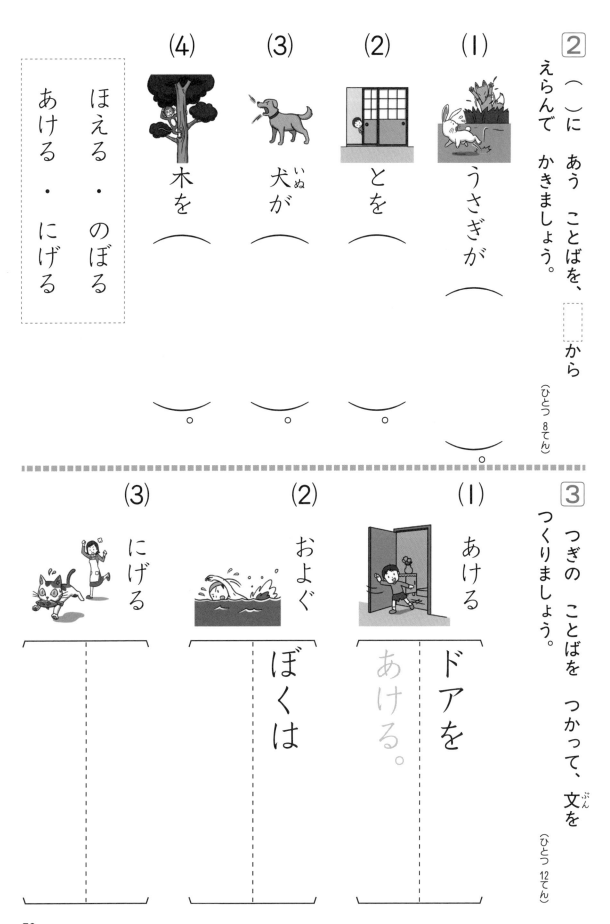

30 うごきを あらわす ことば③

からだの ぶぶんで する うごき

からだの ぶぶんで する うごきの ことばが あります。

おぼえよう

どれも「口《くち》」で する うごきです。

1 えに あう ことばを、○で かこみましょう。

（ひとつ 5てん）

(1)

うたう
のむ

(2)

たたく
ひろう

(3)

ける
はしる

(4)

たべる
はなす

とくてん　てん

2 （　）に あう ことばを、[　]から えらんで かきましょう。（ひとつ 8てん）

(1)  うたを（　　　）。

(2)  ごはんを（　　　）。

(3)  ごみを（　　　）。

(4)  そとを（　　　）。

うたう・はしる
ひろう・たべる

3 つぎの からだの ぶぶんで する うごきを、[　]から 二《ふた》つずつ えらんで かきましょう。（ひとつ 8てん）

(1) 手《て》（　　　）（　　　）

(2) 足《あし》（　　　）（　　　）

(3) 口《くち》（　　　）（　　　）

なげる・ける・うたう
のむ・もつ・はしる

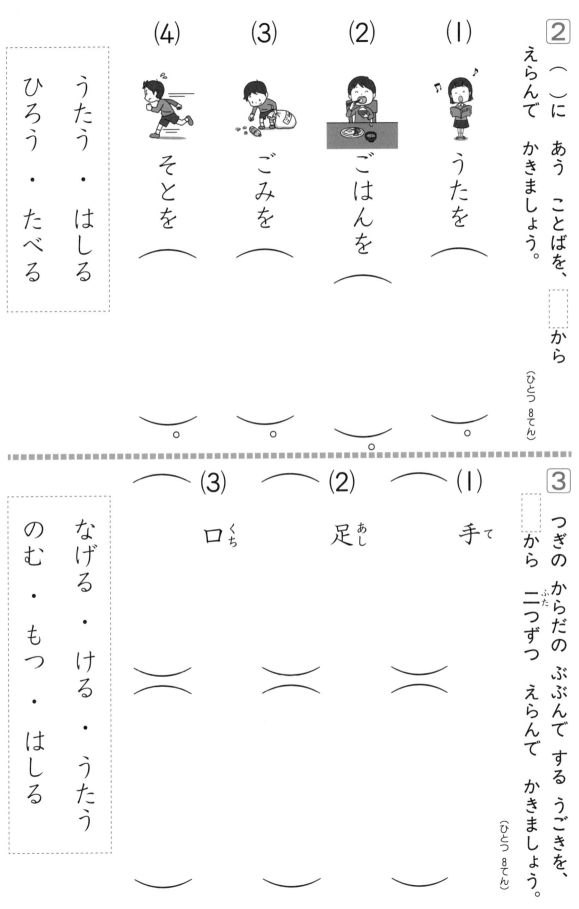

31 ようすを　あらわす　ことば①

ようすを　あらわす　ことば①

もののようすを　あらわす　ことばが　あります。

力《ちから》が　つよい。

大《おお》きい　くつ。

「つよい」は　力《ちから》の　ようすを、「大《おお》きい」は　くつの　ようすを　あらわして　います。

おぼえよう

- へやが　ひろい。
- おゆが　あつい。
- ふかい　プール。
- 赤《あか》い　花《はな》。

1　えに　あう　ことばを、◯で　かこみましょう。（ひとつ　5てん）

(1)

かぜが　{ つよい ／ あるく }。

(2)

おゆが　{ まわる ／ あつい }。

(3)

{ おもい ／ ひろい }　かばん。

(4)

{ あつい ／ 赤《あか》い }　くつ。

とくてん　　てん

2 ようすを　あらわす　ことばに、——を　ひきましょう。（ひとつ　8てん）

(1) こうえんが　ひろい。

(2) ふかい　うみ。

(3) かみのけが　みじかい。

(4) あまい　ケーキ《けえき》。

(5) かずが　おおい。

3 （　）に　あう　ことばを、［　］から　えらんで　かきましょう。（ひとつ　10てん）

(1) おちゃが（あつい）。

(2)（　　　）力《ちから》。

(3) トンネルが（　　　）。

(4)（　　　）ゆき。

［あつい・ながい　白《しろ》い・つよい］

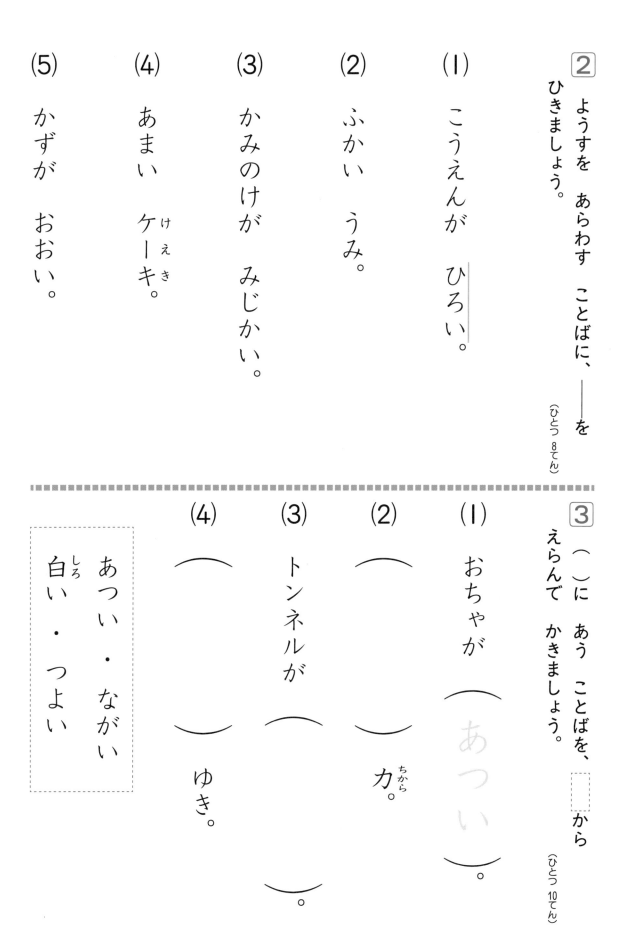

32 ようすを あらわす ことば②

ようすを あらわす ことば②

うごきの ようすを あらわす ことばが あります。

ゆっくり あるく。

きらきら ひかる。

「ゆっくり」や「きらきら」は、うごきの ようすを あらわして います。

おぼえよう

・ドアを しっかり しめる。
・赤《あか》ちゃんが にこにこ わらう。
・たいこを ドンドン たたく。

1 えに あう ことばを、○で かこみましょう。（ひとつ 7てん）

(1)
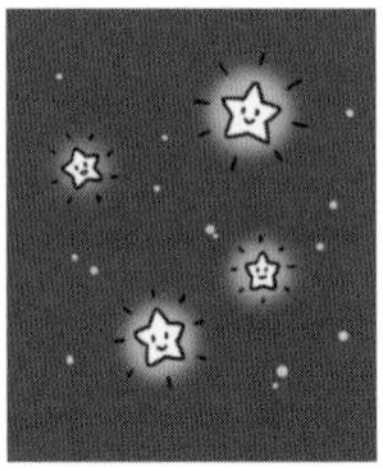
きらきら
ひらひら

(2)

ぽっかり
しっかり

(3)

ドンドン
ポンポン

(4)
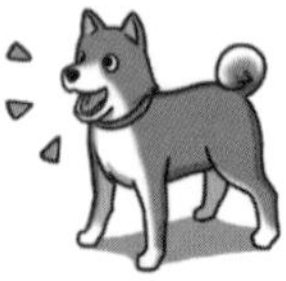
リンリン
ワンワン

とくてん
てん

2

うごきの　ようすを　あらわす　ことばに、——を　ひきましょう。（ひとつ　7てん）

(1)　みちを　ゆっくり　あるく。

(2)　いもうとが　にこにこ　わらう。

(3)　かぜが　そよそよ　ふく。

(4)　手《て》を　パンパン　たたく。

(5)　あたまを　そっと　なでる。

(6)　かみを　ビリビリ　やぶく。

3

（　）に　あう　ことばを、［　］から　えらんで　かきましょう。（ひとつ　10てん）

(1)　ほしが（きらきら）ひかる。

(2)　ドアを（　　　）たたく。

(3)　犬《いぬ》が（　　　）ほえる。

［ワンワン・トントン・きらきら］

33 はんたいの いみの ことば

はんたいの いみの ことば

はんたいの いみに なる ことば を おぼえましょう。

小《ちい》さい 	↕	大《おお》きい 
ひくい 	↕	たかい 
よわい 	↕	つよい 
さむい 	↕	あつい 

1 はんたいの いみの ことばを、○で かこみましょう。（ひとつ 8てん）

(1) 小《ちい》さい ↕ 大《おお》きい（○） おおい

(2) ひくい ↕ たかい ひろい

(3) よわい ↕ ふるい つよい

(4) さむい ↕ あまい あつい

とくてん　　てん

2 はんたいの いみの ことばを、□から えらんで かきましょう。

（ひとつ 10てん）

(1) ひくい ↔ （たかい）

(2) よわい ↔ （　　）

(3) みじかい ↔ （　　）

(4) すくない ↔ （　　）

たかい・おおい
つよい・ながい

3 □の ことばと はんたいの いみの ことばを、（　）に かきましょう。

（⑴8てん、⑵⑶ひとつ 10てん）

(1) ぞうは 大《おお》きい。
りすは （小さい）。

(2) 力《ちから》が つよい。
力《ちから》が （　　）。

(3) ふゆは さむい。
なつは （　　）。

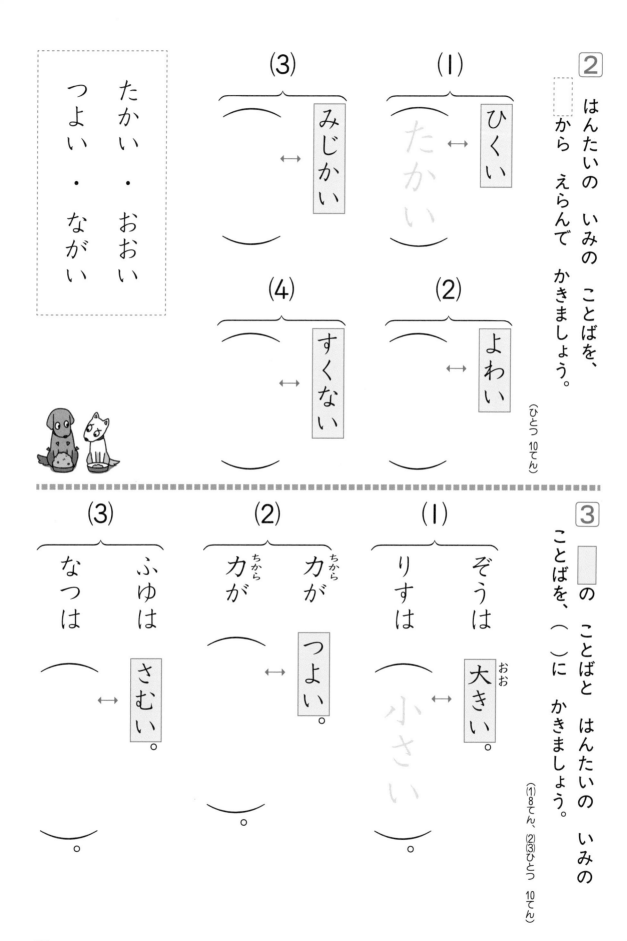

ふくしゅうドリル《どりる》⑤

1 （　）に あう ことばを、[　]から えらんで かきましょう。（ひとつ 7てん）

(1)  おちゃを（　　　）。

(2)  ごみを（　　　）。

(3)  犬《いぬ》が（　　　）。

(4)  みちを（　　　）。

ひろう ・ あるく ・ のむ ・ ほえる

2 つぎの ことばを つかって、えに あう 文《ぶん》を つくりましょう。（ひとつ 9てん）

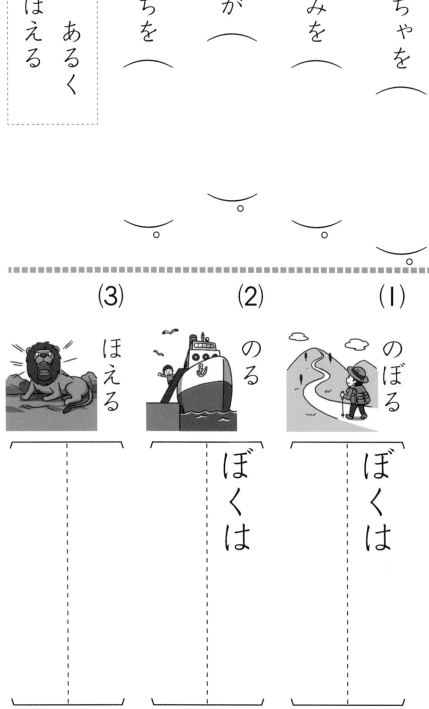

(1) のぼる

ぼくは

(2) のる

ぼくは

(3) ほえる

とくてん

てん

3 （　）に　あう　ことばを、［　］から　えらんで　かきましょう。（ひとつ　7てん）

(1) かみを（　　　　）やぶく。

(2) コップを（　　　　）おく。

(3) 赤《あか》ちゃんが（　　　　）わらう。

トントン・にこにこ
そっと・ビリビリ

4 ［　］の　ことばと　はんたいの　いみの　ことばを、（　）に　かきましょう。（ひとつ　8てん）

(1) まめは　［小《ちい》さい］。↔ すいかは（　　　　）。

(2) トンネルが　［ながい］。↔ ひもが（　　　　）。

(3) 車《くるま》が　［おおい］。↔ 人《ひと》が（　　　　）。

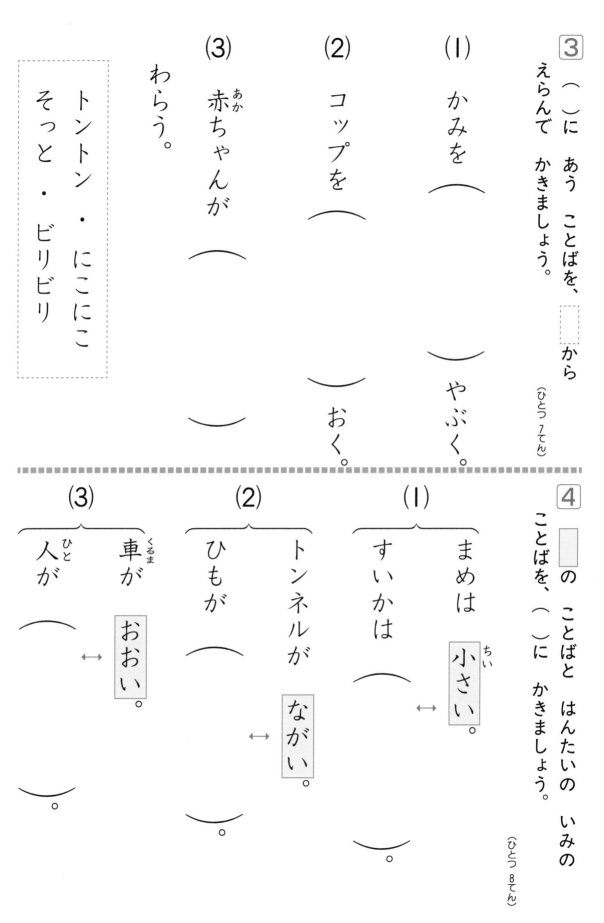

35 文《ぶん》の くみ立《た》て①

「なにが(は)」の ことば

文《ぶん》の 中《なか》には、「なにが（は）」に あたる ことばが あります。

ねこが なく。

なにが　ねこが

「ねこが」は、「なにが」に あたる ことばです。

よんで みよう

- なにが　とりが とぶ。
- なにが　うみが 青《あお》い。
- なには　はとは とりだ。

1 えに あう ことばを、◯で かこみましょう。（ひとつ 10てん）

(1)

{ ねこが ／ さるが } なく。

(2)

{ 虫《むし》が ／ とりが } とぶ。

(3)

{ 花《はな》が ／ 犬《いぬ》が } はしる。

とくてん　　てん

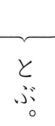

2 「なにが」や 「なには」に あたる ことばに、——を ひきましょう。（ひとつ 6てん）

(1) さるが なく。

(2) 花《はな》が さく。

(3) 木《き》が 大《おお》きい。

(4) なすは やさいだ。

(5) 空《そら》は とても きれいだ。

3 「なにが」や 「なには」に あたる ことばを かきましょう。（ひとつ 10てん）

(1) ねこが あるく。
（ ねこが ）

(2) かぜが ふく。
（　　　　）

(3) そとは さむい。
（　　　　）

(4) ありは 小《ちい》さな 虫《むし》だ。
（　　　　）

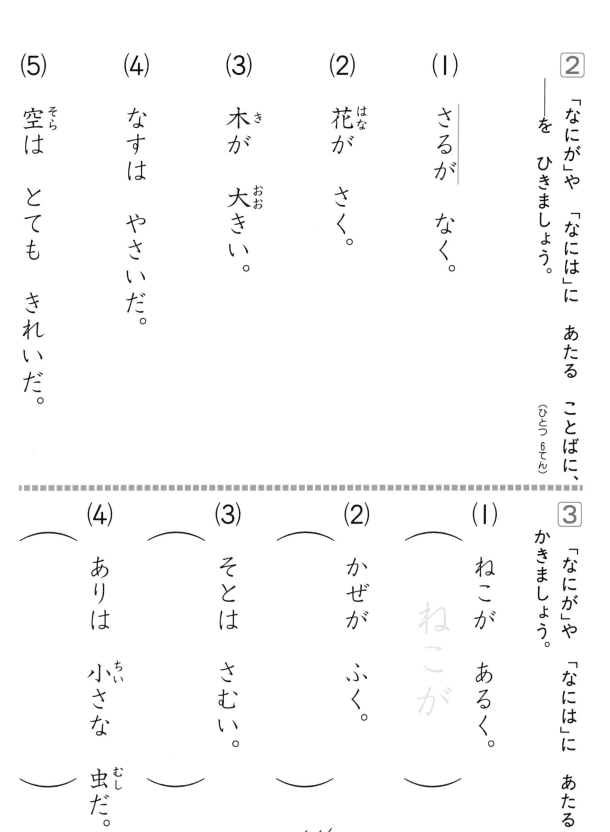

36 文《ぶん》の くみ立《た》て②

「だれが(は)」の ことば

文《ぶん》の 中《なか》には、「だれが（は）」に あたる ことばが あります。

ぼくが はしる。

だれが

ぼくが

「ぼくが」は、「だれが」に あたる ことばです。

よんで みよう

- おかあさんが わらう。（だれが）
- おとうとは 小《ちい》さい。（だれは）
- わたしは 一年生《いちねんせい》です。（だれは）

1 えに あう ことばを、○で かこみましょう。（ひとつ 10てん）

(1)

｛ぼくが／先生《せんせい》が｝ はしる。

(2)

｛大男《おおおとこ》が／わたしが｝ はなす。

(3)

｛おとうとが／いもうとが｝ うたう。

とくてん　てん

2 「だれが」や 「だれは」に あたる ことばに、――を ひきましょう。（ひとつ 6てん）

(1) 先生《せんせい》が はなす。

(2) わたしが はしる。

(3) おとうさんは 大《おお》きい。

(4) さち子《こ》さんは わらう。

(5) いもうとは ぼくより 小《ちい》さい。

3 「だれが」や 「だれは」に あたる ことばを かきましょう。（ひとつ 10てん）

(1) ぼくが なげる。

（ぼくが）

(2) わたしが かく。

（　　　　）

(3) ゆかさんは あかるい。

（　　　　）

(4) 先生《せんせい》は やさしい。

（　　　　）

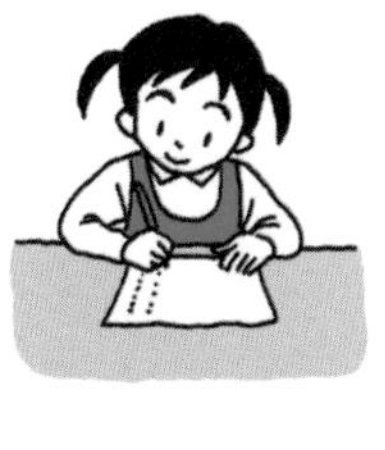

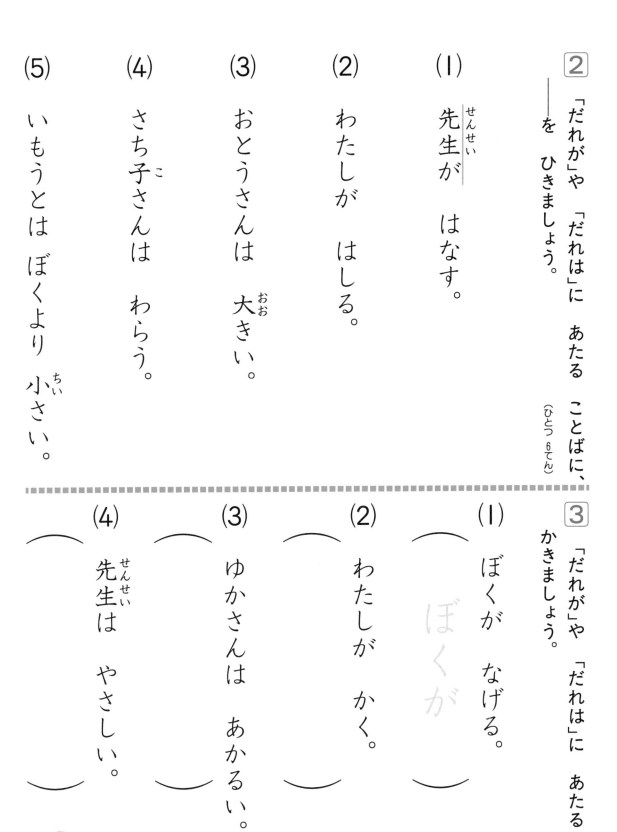

37 文《ぶん》の くみ立《た》て③

「どうする（どうした）」の ことば

文《ぶん》の 中《なか》には、「どうする（どうした）」に あたる ことばが あります。

花《はな》が さく。（どうする → さく）

花《はな》が さいた。（どうした → さいた）

「さく」「さいた」は、「どうする（どうした）」に あたる ことばです。

よんで みよう

- 犬《いぬ》が ほえる。（どうする）
- 虫《むし》が とぶ。（どうする）
- 犬《いぬ》が ほえた。（どうした）
- 虫《むし》が とんだ。（どうした）

1 えに あう ことばを、○で かこみましょう。（ひとつ 10てん）

とくてん　　てん

(1)

花《はな》が ｛さく（○） / きる｝。

(2)

ねこが ｛なく / とぶ｝。

(3)

ふくが ｛いった / ぬれた｝。

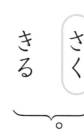

2

「どうする（どうした）」に　あたる　ことばに、——を　ひきましょう。（ひとつ　6てん）

(1) コップが　われた。

(2) おにいさんが　わらう。

(3) えんぴつが　おれた。

(4) うまが　はやく　はしった。

(5) ぼくは　ねこを　かう。

3

「どうする（どうした）」に　あたる　ことばを　かきましょう。（ひとつ　10てん）

(1) うさぎが　はねる。

（はねる）

(2) 雨《あめ》が　やんだ。

（　　　）

(3) ぼくは　はなした。

（　　　）

(4) 木《き》が　ゆさゆさ　ゆれた。

（　　　）

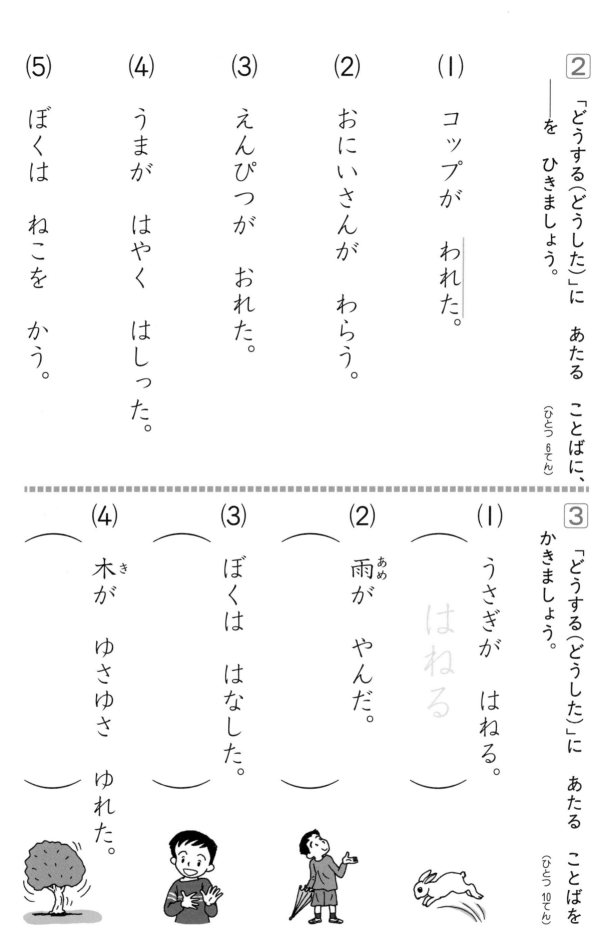

38 文《ぶん》の くみ立《た》て④

「なにを」の ことば

文《ぶん》の 中《なか》には、「なにを」に あたる ことばが あります。

ぼくが えを かく。

なにを → **えを**

「えを」は、「なにを」に あたる ことばです。

よんで みよう

- わたしが **かばんを**（なにを） もつ。
- 車《くるま》が **みちを**（なにを） とおる。
- おとうとが **うたを**（なにを） うたう。

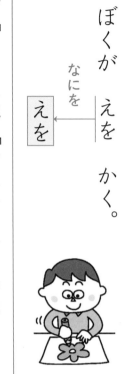

1 えに あう ことばを、◯で かこみましょう。（ひとつ 10てん）

(1)

わたしが ｛えを／木《き》を｝ かく。

(2)

先生《せんせい》が ｛本《ほん》を／草《くさ》を｝ よむ。

(3)

だれかが ｛ベルを／くつを｝ ならす。

とくてん　　てん

2

「なにを」に　あたる　ことばに、——を　ひきましょう。（ひとつ　6てん）

(1) おとうとが　パンを　たべる。

(2) わたしが　かばんを　もつ。

(3) とりが　空《そら》を　とぶ。

(4) 車《くるま》が　みちを　はしる。

(5) ぼくが　ボールを　なげる。

3

「なにを」に　あたる　ことばを　かきましょう。（ひとつ　10てん）

(1) わたしは　本《ほん》を　よんだ。

（　本を　）

(2) 虫《むし》が　木《き》を　のぼる。

（　　　　）

(3) いもうとが　ピアノを　ひく。

（　　　　）

(4) みんなが　手《て》を　たたく。

（　　　　）

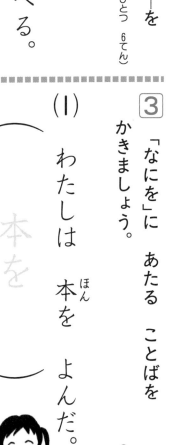

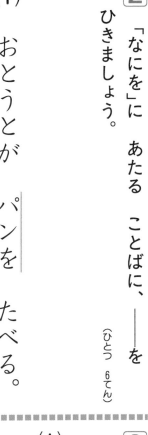

39 文《ぶん》の くみ立《た》て⑤

「いつ」の ことば

文《ぶん》の 中《なか》には、「いつ」に あたる ことばが あります。

きのう、プールで およいだ。

きのう（いつ）

「きのう」は、「いつ」に あたる ことばです。

よんで みよう

- きょう（いつ）、雨《あめ》が ふった。
- さっき（いつ）、かみなりが なった。
- 五月に（いつ）、えんそくに いった。

1 文《ぶん》に あう ことばを、◯で かこみましょう。（ひとつ 10てん）

(1) ｛きのう・つよい｝、本《ほん》を かった。

(2) ｛あさ・みち｝、雨《あめ》が ふった。

(3) ｛えきに・八月《はちがつ》に｝、かぞくで うみに いった。

とくてん　　てん

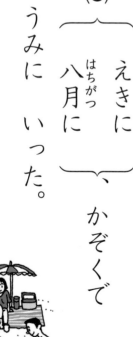

2 「いつ」に あたる ことばに、——を ひきましょう。

（ひとつ 6てん）

(1) きょう、花《はな》が さいた。

(2) よる、ふろに 入《はい》る。

(3) あした、こうえんで あそぶ。

(4) 一月《いちがつ》に、スキーに いく。

(5) ひる、ともだちと あそぶ。

3 「いつ」に あたる ことばを かきましょう。

（ひとつ 10てん）

(1) よる、テレビを 見《み》た。

（ よる ）

(2) きょう、てがみを かく。

（　　　）

(3) あさ、かおを あらう。

（　　　）

(4) さっき、ごはんを たべた。

（　　　）

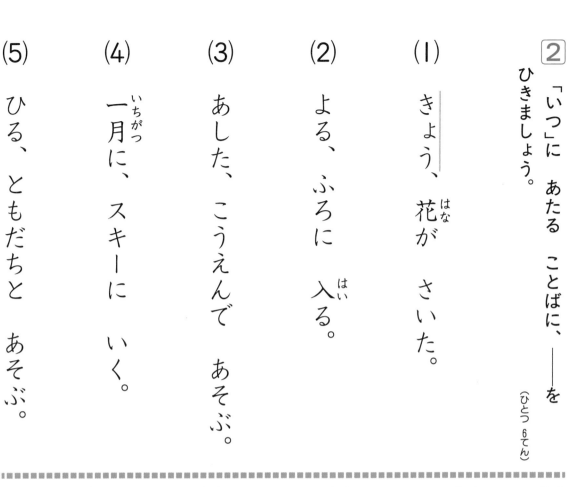

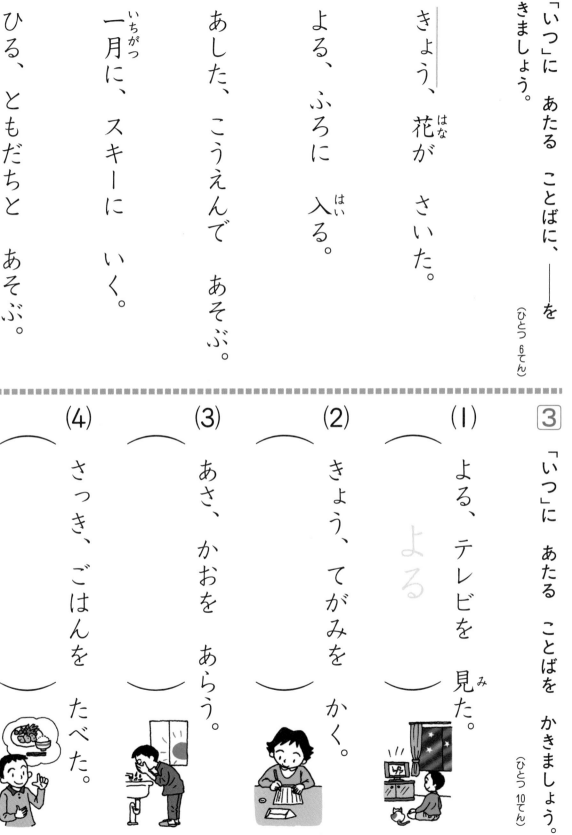

40 文《ぶん》の くみ立《た》て⑥

「どこで」の ことば

文《ぶん》の 中《なか》には、「どこで」を あらわす ことばが あります。

ぼくは こうえんで あそんだ。

→ どこで こうえんで

「こうえんで」は、「どこで」に あたる ことばです。

よんで みよう

- わたしは へやで（どこで） あそんだ。
- のはらで（どこで） 花《はな》を つむ。
- こいが いけで（どこで） およぐ。

1 えに あう ことばを、◯で かこみましょう。（ひとつ 10てん）

(1)

｛いけで／へやで｝ ねころぶ。

(2)

｛そとで／いえで｝ はしる。

(3)

｛ろうかで／山《やま》で｝ うたう。

とくてん　　てん

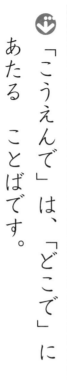

2

「どこで」に　あたる　ことばに、——を　ひきましょう。（ひとつ　6てん）

(1) さかなが　川《かわ》で　およぐ。

(2) いもうとは、へやで　ねる。

(3) 森《もり》で　とりが　なく。

(4) みせで　りんごを　かう。

(5) 犬《いぬ》が　げんかんで　ほえる。

3

「どこで」に　あたる　ことばを　かきましょう。（ひとつ　10てん）

(1) ぼくは　プールで　およいだ。

（　プールで　）

(2) 虫《むし》を　のはらで　つかまえる。

（　　　　）

(3) ろうかで　先生《せんせい》に　あう。

（　　　　）

(4) あした　ぶたいで　おどる。

（　　　　）

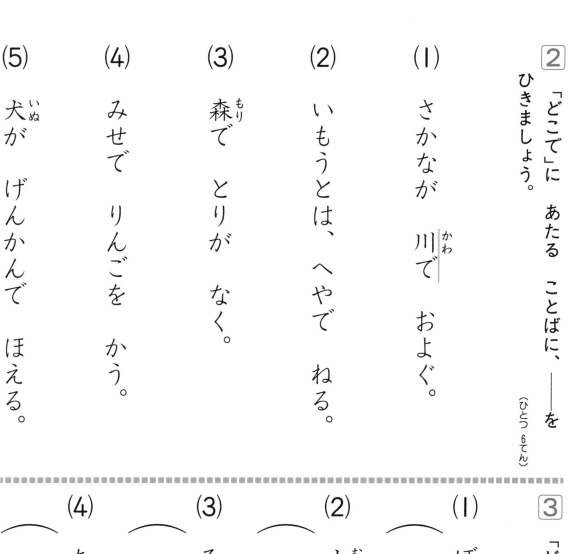

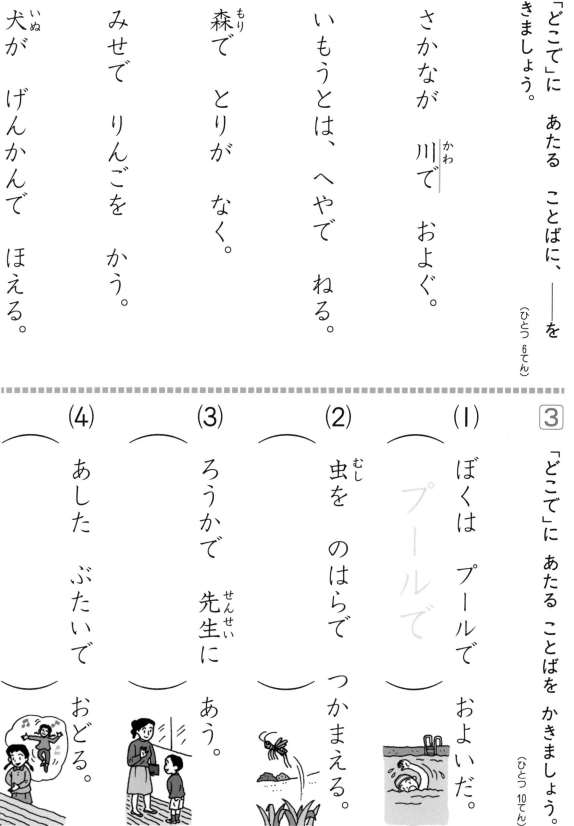

41 文《ぶん》の くみ立《た》て⑦

「どんな」の ことば

文《ぶん》の 中《なか》には、「どんな」を あらわす ことばが あります。

あめを もらう。

まるい（どんな）あめを もらう。

「まるい」は、どんな「あめ」かを くわしく して います。

よんで みよう

・きれいな（どんな）花《はな》が さく。

・赤《あか》い（どんな）金《きん》ぎょが およぐ。

1 えを 見《み》て □の ことばが くわしく して いる ことばを、◯で かこみましょう。（ひとつ 10てん）

(1)

まるい｛ボール（◯）／はこ｝

(2)

大《おお》きな｛ぞう／あり｝

(3)

かたい｛まくら／いわ｝

とくてん　　てん

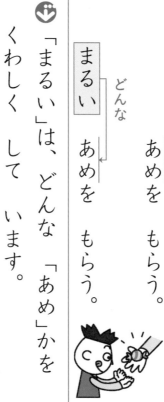

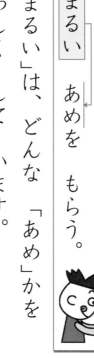

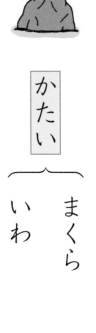

2 ――の ことばを くわしく して いる ことばに、――を ひきましょう。（ひとつ 6てん）

(1) 小《ちい》さな はこに しまう。

(2) きいろい ちょうを とる。

(3) ながい はなしを きく。

(4) やさしい 先生《せんせい》が すきだ。

(5) おいしい ごはんが たけた。

3 ――の ことばを くわしく して いる ことばを かきましょう。（ひとつ 10てん）

(1) 大《おお》きな 犬《いぬ》が ほえる。

（ 大きな ）

(2) かんたんな 文《ぶん》を よむ。

（　　　　）

(3) 赤《あか》い ふうせんを とばす。

（　　　　）

(4) たくさんの 木《き》が はえる。

（　　　　）

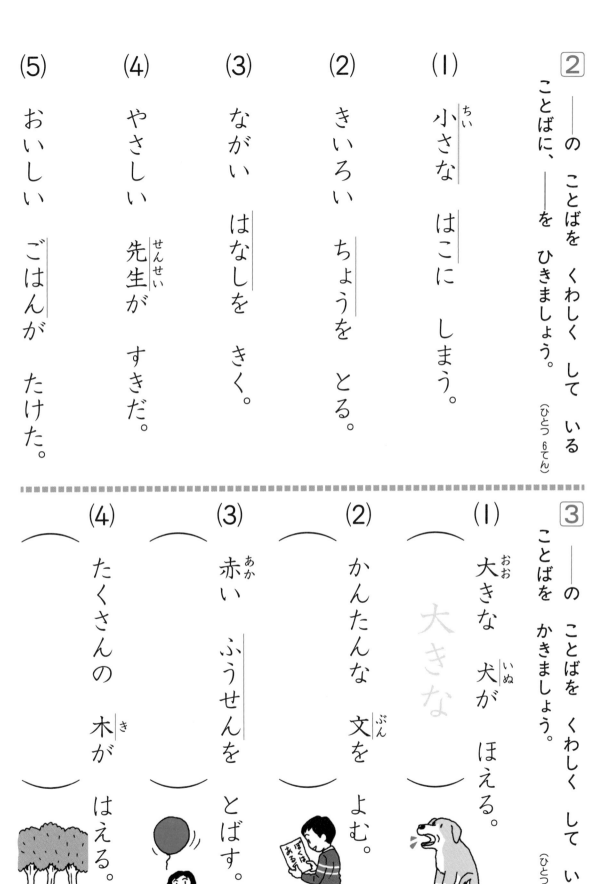

42 文《ぶん》の くみ立《た》て⑧

「どのように」の ことば

文《ぶん》の 中《なか》には、「どのように」を あらわす ことばが あります。

ねこが なめる。

ねこが ぺろぺろ なめる。（どのように）

「ぺろぺろ」は、どのように 「なめる」かを くわしく して います。

よんで みよう

- 犬《いぬ》が ワンワン ほえる。（どのように）
- かえるが ぴょんと とぶ。（どのように）

1 えを 見《み》て □の ことばが くわしく して いる ことばを、○で かこみましょう。（ひとつ 10てん）

(1)

ワンワン ｛ほえる。／たべる。｝

(2)

ぐるぐる ｛まわる。／はなす。｝

(3)

ゆかが ミシミシ ｛およぐ。／なる。｝

とくてん　　てん

2 ——の ことばを くわしく して いる ことばに、——を ひきましょう。（ひとつ 6てん）

(1) せみが ミンミン なく。

(2) ふくを ザブザブ あらう。

(3) かぜが ピューピュー ふく。

(4) みちを のろのろ あるく。

(5) ドアを バタンと しめる。

3 ——の ことばを くわしく して いる ことばを かきましょう。（ひとつ 10てん）

(1) うまが パカパカ はしる。

（ パカパカ ）

(2) ボタンが ぽろっと おちる。

（　　　　）

(3) 水《みず》を ごくごく のむ。

（　　　　）

(4) ちょうが ふわふわ とぶ。

（　　　　）

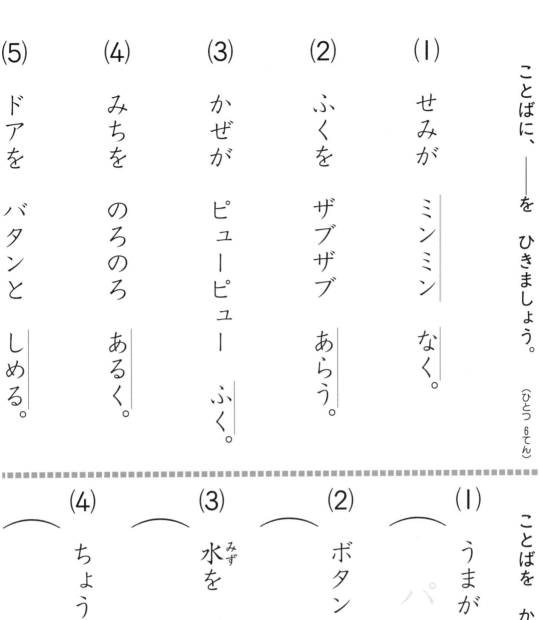

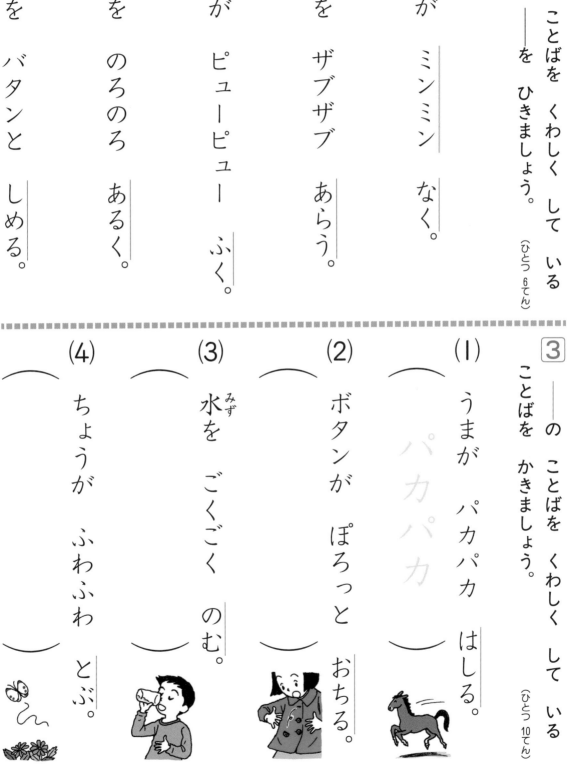

43 文《ぶん》の くみ立《た》て⑨

ことばと ことばを つなぐ もの

ことばと ことばを つなぐ はたらきを する ことばが あります。

なにで
はさみ[で] きる。

「で」を つかうと、なにで 「きる」かが、はっきりします。

よんで みよう

だれの
・わたし[の] かさ。

なんじに
・六《ろく》じ[に] おきる。

だれと
・ともだち[と] あそぶ。

1 正《ただ》しい ほうの 字《じ》を、○で かこみましょう。

（ひとつ 5てん）

(1) えんぴつ {(で) / を} かく。

(2) わたし {で / の} えんぴつ。

(3) ひる {に / と} 出《で》かける。

(4) おとうと {の / と} あそぶ。

とくてん　　てん

2 □に あう 字《じ》を、[ ]から えらんで かきましょう。（ひとつ 10てん）

(1) はさみ □ かみを きる。

(2) 先生《せんせい》 □ いっしょに あるく。

(3) 三《さん》じ □ おやつを たべる。

(4) これは、ぼく □ かさだ。

[の・で・に・と]

3 えに あうように、文《ぶん》を つくりましょう。（ひとつ 10てん）

(1)

ぼうしで 虫《むし》を
つかまえる。

(2)

おきる。

(3)

出《で》かける。

(4)

これは、
ノートだ。

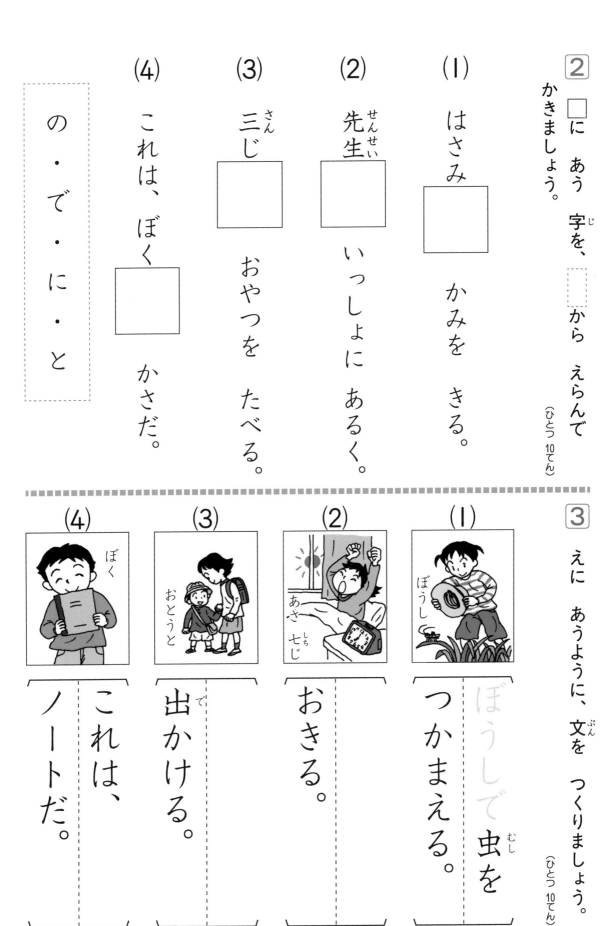

44

ふくしゅうドリル《どりる》⑥

とくてん
てん

1 「なにが（は）」「だれが（は）」に あたる ことばを かきましょう。（ひとつ 6てん）

(1) わたしが はなす。

（　　　　）

(2) 花《はな》が さく。

（　　　　）

(3) 空《そら》は とても ひろい。

（　　　　）

2 「どうする（どうした）」に あたる ことばを かきましょう。（ひとつ 6てん）

(1) うまが はしる。

（　　　　）

(2) ぼくは わらった。

（　　　　）

(3) 雨《あめ》が ザーザー ふる。

（　　　　）

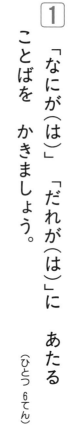

3 「いつ」に　あたる　ことばを　かきましょう。（ひとつ　8てん）

(1) きょう、えん足《そく》に　いく。

（　　　）

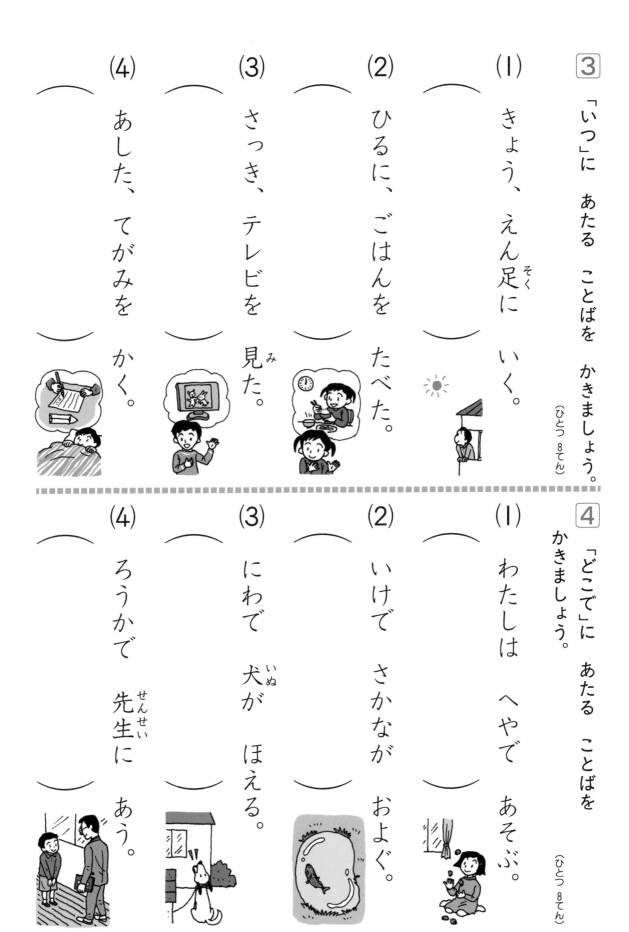

(2) ひるに、ごはんを　たべた。

（　　　）

(3) さっき、テレビを　見《み》た。

（　　　）

(4) あした、てがみを　かく。

（　　　）

4 「どこで」に　あたる　ことばを　かきましょう。（ひとつ　8てん）

(1) わたしは　へやで　あそぶ。

（　　　）

(2) いけで　さかなが　およぐ。

（　　　）

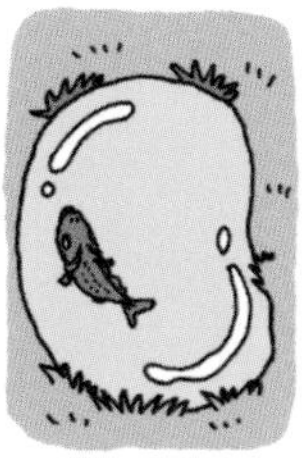

(3) にわで　犬《いぬ》が　ほえる。

（　　　）

(4) ろうかで　先生《せんせい》に　あう。

（　　　）

45

かなづかい①

とくてん　てん

「は」「を」「へ」の つかいかた

よむ ときは 「ワ《わ》」「オ《お》」「エ《え》」と よみ、かく ときは 「は」「を」「へ」と かく ことが あります。

ぼく~~わ~~は 本《ほん》~~お~~を よんだ。
こうえん~~え~~へ いった。

「わ」「お」「え」と かかない ように、気《き》を つけましょう。

おぼえよう

は…わたしは 一年生《いちねんせい》です。
を…くつを はく。
へ…学校《がっこう》へ いく。

1 ——の かなづかいが 正《ただ》しい ほうに、○を つけましょう。（ひとつ 4てん）

(1)
（　）わたしは 一年生《いちねんせい》です。
（　）わたしわ 一年生《いちねんせい》です。

(2)
（　）ふくお きる。
（　）ふくを きる。

(3)
（　）こうえんへ いく。
（　）こうえんえ いく。

2 かなづかいの 正《ただ》しい 字《じ》を 〈 〉から えらんで、□に かきましょう。（ひとつ 4てん）

(1) ぼく □は〈わ・は〉 □〈へ・え〉やに 入《はい》った。

(2) □〈を・お〉おきな こ□〈え・へ〉。

(3) あね□〈は・わ〉 学校《がっこう》□〈え・へ〉 いく。

(4) 花《はな》□〈お・を〉 に□〈は・わ〉 に うえる。

(5) □〈へ・え〉のぐで いろ□〈お・を〉 ぬる。

3 ――の かなづかいを、正《ただ》しい 字《じ》に かきなおしましょう。（ひとつ 6てん）

〈れい〉 わたしわ（は） 手《て》お（を） あらった。

(1) あにわ こうえんえ いった。

(2) ぼくわ ごみお ひろった。

(3) ボールお とおくえ なげた。

(4) きょうわ サッカーお する。

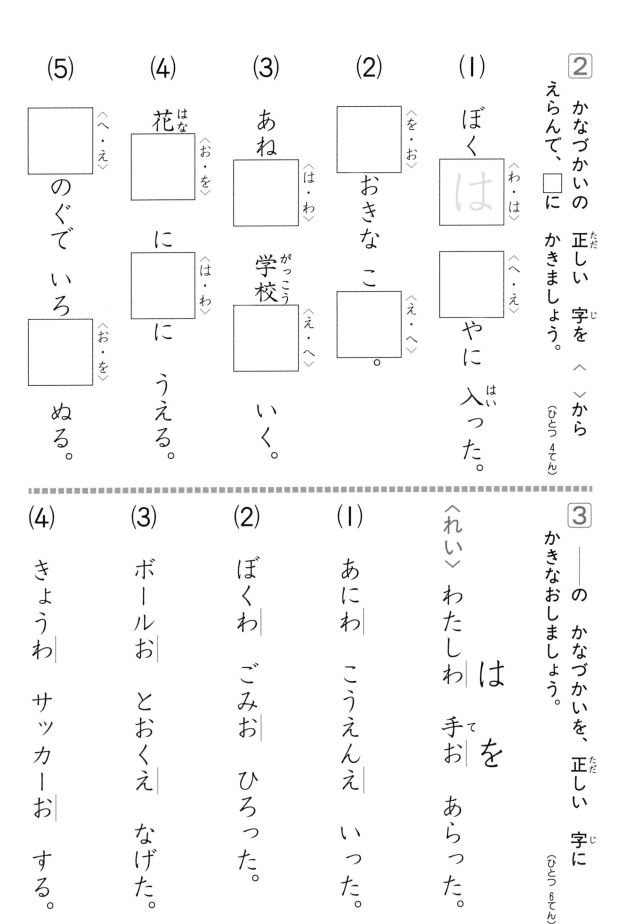

46 かなづかい②

正《ただ》しい かなづかいを おぼえましょう。

まちがえやすい かなづかい

おと~~お~~うとの ぼ~~お~~うし。
お~~う~~おきい こ~~う~~おり。

よむ ときは、おなじ 音《おん》ですが、かく ときには ちがいます。

おぼえよう

- じ…そうじ・じかん
- ぢ…はなぢ・ちぢむ
- ず…すずめ・ずこう
- づ…かんづめ・つづく

1 ―の かなづかいが 正《ただ》しい ことばを、○で かこみましょう。（ひとつ 5てん）

(1)

- （おとうと）
- おとおと

(2)

- じゅうえん
- ぢゅうえん

(3)

- かんずめ
- かんづめ

(4)

- おうきい
- おおきい

とくてん　　てん

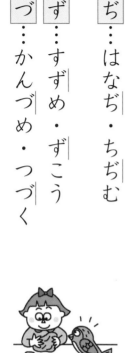

2 かなづかいの 正《ただ》しい 字《じ》を 〈 〉から えらんで、□にかきましょう。（ひとつ 4てん）

(1) おと□〈う・お〉とが そう□〈ぢ・じ〉する。

(2) ど□〈お・う〉ろが つ□〈ず・づ〉く。

(3) だい□〈ぢ・じ〉な ふくが ち□〈じ・ぢ〉む。

(4) お□〈う・お〉きい かん□〈づ・ず〉め。

(5) □〈づ・ず〉こうの □〈じ・ぢ〉かん。

3 ――の かなづかいを、正《ただ》しい 字《じ》に かきなおしましょう。（ひとつ 4てん）

(1) ろおそくが もえつずける。

(2) ぢめんに すづめが いる。

(3) とうくへ いく ぢゅんび。

(4) おとおさんが はなじを だす。

(5) いけの みづが こうる。

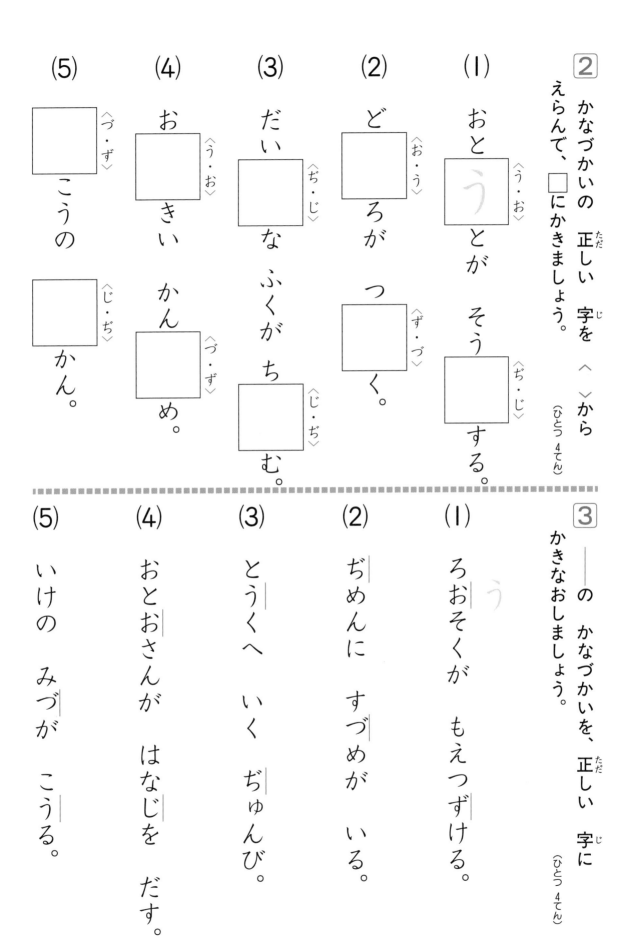

47 まる(。)と てん(、)の つかいかた①

まる(。) てん(、)を つける ところ

文《ぶん》を かく ときには、まる(。)や てん(、)を つかいます。

①まる(。)を つける ところ。

あそびに いく。
うみで およいだ。

まる(。)は、文《ぶん》の おわりに つけます。

②てん(、)を つける ところ。

犬が、 ワンワン
ほえて いる。

てん(、)は、文《ぶん》の 中《なか》の いみの きれめに つけます。

1 まる(。)と てん(、)の つかいかたが 正《ただ》しい ほうに、◯を つけましょう。 ((1)は 4てん、(2)(3)は ひとつ 6てん)

(1)
- (◯) ぼくが 本《ほん》を よんだ。
- (　) ぼくが 本《ほん》を よんだ、

(2)
- (　) ほしが。きらきら ひかって いる、
- (　) ほしが、きらきら ひかって いる。

(3)
- (　) おとうとが、きいろい ぼうしを かぶる。
- (　) おとうとが。きいろい ぼうしを かぶる、

とくてん　　てん

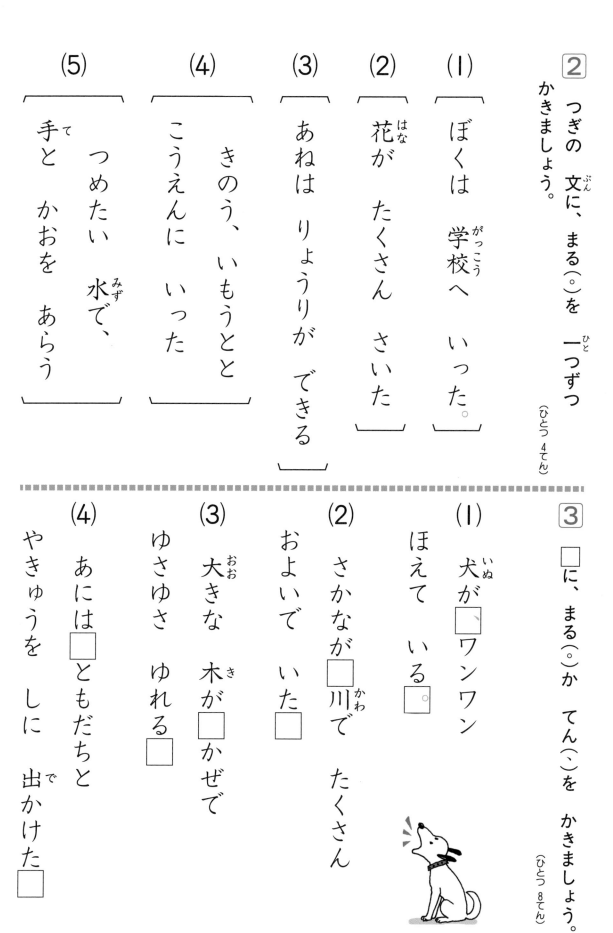

2 つぎの 文《ぶん》に、まる(。)を 一《ひと》つずつ かきましょう。(ひとつ 4てん)

(1) ぼくは 学校《がっこう》へ いった。

(2) 花《はな》が たくさん さいた

(3) あねは りょうりが できる

(4) きのう、いもうとと こうえんに いった

(5) つめたい 水《みず》で、手《て》と かおを あらう

3 □に、まる(。)か てん(、)を かきましょう。(ひとつ 8てん)

(1) 犬《いぬ》が［、］ワンワン ほえて いる［。］

(2) さかなが□川《かわ》で たくさん およいで いた□

(3) 大《おお》きな 木《き》が□かぜで ゆさゆさ ゆれる□

(4) あには□ともだちと やきゅうを しに 出《で》かけた□

48 まる(。)と てん(、)の つかいかた②

とくてん　　てん

てん(、)を つける ところ

文《ぶん》の 中《なか》の いみの きれめに、てん(、)を つけます。

はるに なると、□
花《はな》が さく。

よんで みよう

- からすが、□カーカー ないて いる。
- きのう、□子犬《こいぬ》が 生《う》まれた。
- とても あつかったので、□水《みず》を のんだ。
- あさ おきて、□かおを あらった。

1 てん(、)の つかいかたが 正《ただ》しい ほうに、○を つけましょう。(ひとつ 10てん)

(1)
(○) あさ、はを みがいた。
(　) あさ はを、みがいた。

(2)
(　) はるに、なると あたたかく なった。
(　) はるに なると、あたたかく なった。

(3)
(　) 子《こ》ねこが、にわで あそんで いる。
(　) 子《こ》ねこが にわで あそんで、いる。

2 つぎの 文《ぶん》で、てん（、）を つけた ほうが よい ほうの □に てん（、）を かきましょう。（ひとつ 6てん）

(1) はるに なると□花《はな》が□さいた。

(2) からすが□カーカー□ないて いた。

(3) 森《もり》には□たくさんの□木《き》が はえて いる。

(4) きょう□ははと ふくを□かいに いく。

(5) ぼくは□うんどうかいで くみたいそうを□する。

3 つぎの 文《ぶん》に、てん（、）を 一《ひと》つずつ かきましょう。（ひとつ 10てん）

(1) 「きのう ケーキを たべた。」

(2) 「わたしは なべに やさいを 入《い》れた。」

(3) 「白《しろ》い 犬《いぬ》が こやで ねて いる。」

(4) 「なつが くると とても あつく なる。」

49 かぎ（「」）の つかいかた

かぎ（「」）を つける ところ

人《ひと》が はなした ことばには、かぎ（「」）を つけます。

わたしは、

「いただきます。」

といった。

人《ひと》が はなした ことばは、ぎょうを かえて かきます。

よんで みよう

八《はち》じに なった。

「おやすみ。」

と、いもうとが いった。

1 かぎ（「」）の つかいかたが 正《ただ》しい ほうに、〇を つけましょう。（ひとつ 10てん）

(1)
（〇） わたしは、「いって きます。」と いった。

（　） わたしは、いって きます。と「いった。」

(2)
（　） いすに すわろう。と、「あねが」 いった。

（　） 「いすに すわろう。」と、あねが いった。

とくてん　　てん

2 つぎの 文《ぶん》に、かぎ(「 」)を ひとくみずつ かきましょう。

(ひとくみ 10てん)

(1) まゆみさんが、早《はや》く いこう。 と いった。

(2) わたしは、みんなで うたおう。 と いった。

(3) おきなさい。 と、ははが いった。

(4) おとうとが、 いっしょに いこう。 と いった。

3 つぎの 〔 〕の 文《ぶん》に、かぎ(「 」)を つけて、□に かきましょう。

(ぜんぶ かいて ひとつ 20てん)

(1) ゆうたくんが、 おはよう。 と いった。

一ます あける

(2) ただいま。 と、ぼくが いった。

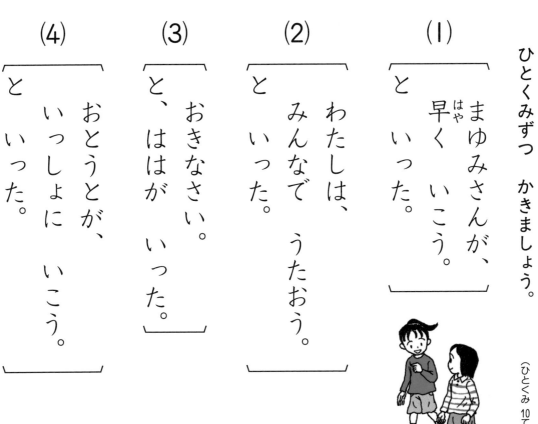

50 ふくしゅうドリル《どりる》⑦

とくてん　　てん

1 ――の かなづかいが 正《ただ》しい ことばを、（　）で かこみましょう。（ひとつ 3てん）

(1)

そうぢ
そうじ

(2)

おうきい
おおきい

(3)

すずめ
すづめ

(4)
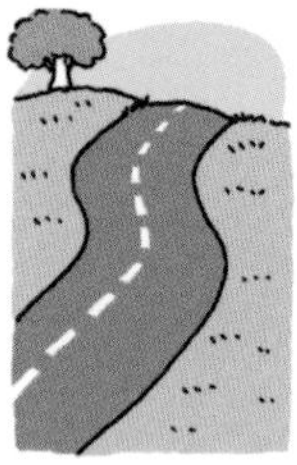
どおろ
どうろ

2 つぎの 文《ぶん》に、てん（、）を 一《ひと》つずつ かきましょう。（ひとつ 3てん）

(1) わたしは なべに
やさいを 入《い》れた。

(2) はるに なって
花《はな》が さく。

(3) 森《もり》には 木《き》が
はえて いる。

(4) 犬《いぬ》が ワンワン
ほえて いた。

3 かなづかいの 正《ただ》しい 字《じ》を 〈 〉から えらんで、□にかきましょう。（ひとつ 4てん）

(1) □〈を・お〉おきな こえ □〈お・を〉出《だ》す。

(2) ぼく □〈わ・は〉学校《がっこう》□〈え・へ〉いく。

(3) に □〈は・わ〉に 花《はな》□〈お・を〉うえる。

(4) ボール □〈お・を〉とおく □〈へ・え〉ける。

(5) わたし □〈わ・は〉□〈え・へ〉のぐを かう。

4 つぎの 文《ぶん》に、かぎ（「 」）を ひとくみずつ かきましょう。（ひとくみ 9てん）

(1)
いえに かえって、
ただいま。
と、おかあさんに いった。

(2)
たかしくんが、
いっしょに やろう。
と、ぼくに いった。

(3)
おはよう。
と、ぼくは いった。

(4)
おとうさんが、
きょうは さむいね。
と いった。

かん字《じ》の かたち①

かん字《じ》の できかた

かん字《じ》の 中《なか》には、ものの かたちから できた ものが あります。

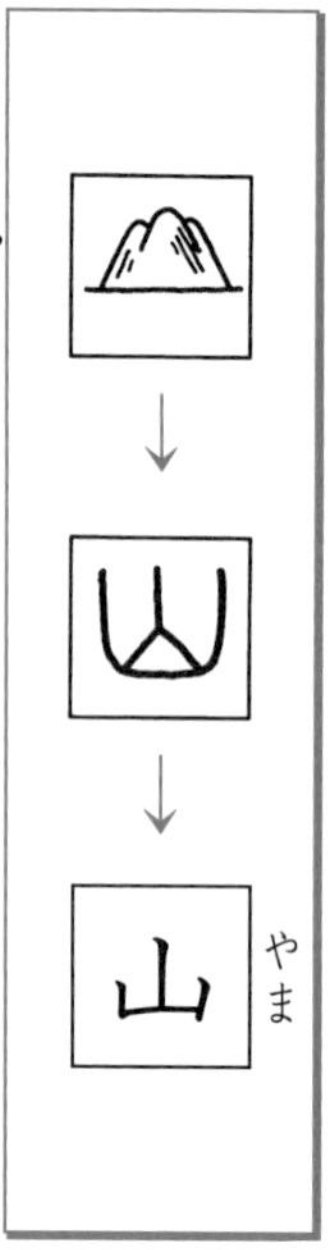

「山《やま》」は、「やま」の かたちから できた かん字《じ》です。

おぼえよう

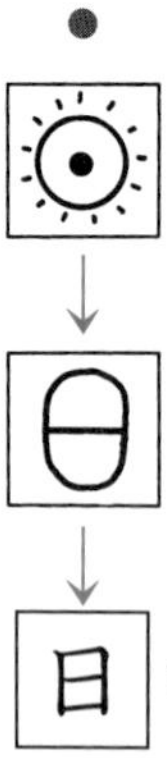

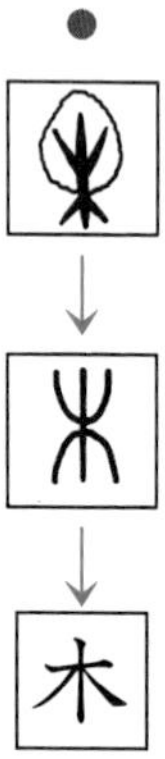

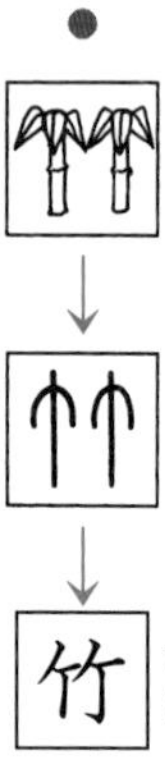

1 つぎの かたちから できた かん字《じ》を 下《した》から えらんで、——で むすびましょう。（ひとつ 7てん）

(1)

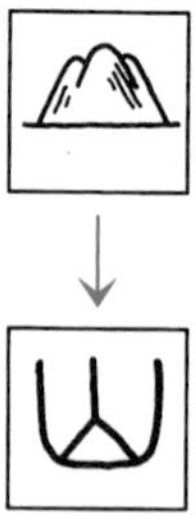

(2)

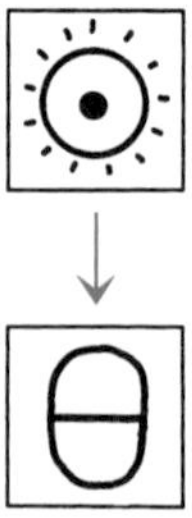

(3)

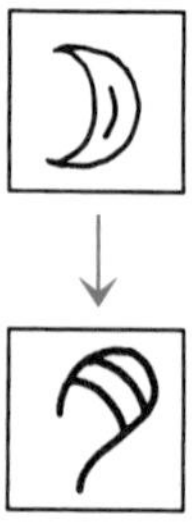

(4)

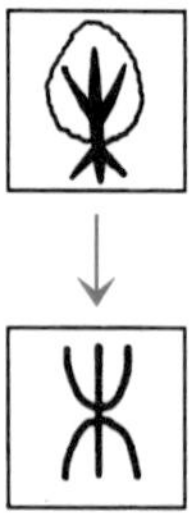

日《ひ》　山《やま》　月《つき》　木《き》

とくてん

てん

2 つぎの かん字《じ》の よみがなを かきましょう。（ひとつ 8てん）

(1) 山（やま）に のぼる。

(2) たかい 木（　）が 見《み》える。

(3) きれいな 月（　）。

(4) くらい 竹（　）やぶの 中《なか》。

3 □に かん字《じ》を かきましょう。（ひとつ 8てん）

(1) ［山］《やま》の ちょう上《じょう》。

(2) お□《ひ》さまが のぼる。

(3) □《たけ》の つつ。

(4) まるい □《つき》が 出《で》る。

(5) □《き》の 上《うえ》に すが ある。

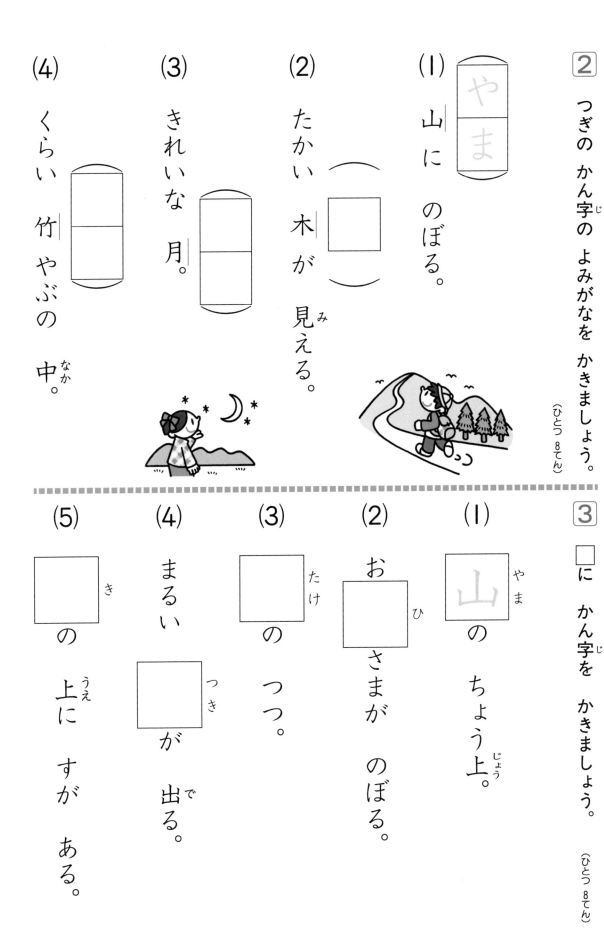

52 かん字《じ》の かたち②

おなじ かたちを もつ かん字《じ》

かん字《じ》の 中《なか》には、おなじ かたちを もつ ものが あります。

口  …… 右《みぎ》・石《いし》・足《あし》・名《な》

「右・石・足・名」には、「口」の かたちが あります。

おぼえよう

- 日…音《おと》・早《はや(い)》・草《くさ》・白《しろ》・百《ひゃく》
- 目…貝《かい》・見《み(る)》
- 田…男《おとこ》・町《まち》

1 おなじ かたちを もつ かん字《じ》を かきましょう。（ひとつ 5てん）

(1) 口…右《みぎ》 手《て》を 上《あ》げる。

(2) 日…十《はや》 く おきる。

(3) 目…えを 儿《み》 る。

(4) 田…力《おとこ》 の 人《ひと》。

とくてん　　てん

2 □に、おなじ かたちを もつ かん字《じ》を かきましょう。（ひとつ 4てん）

(1) 右《みぎ》足《あし》。□《な》ふだ。

(2) □《まち》なみ。□《おとこ》の子《こ》。

(3) まき□《がい》。よく□《み》える。

(4) □《はや》おき。□《くさ》むしり。

足《あし》□《おと》。□《ひゃく》円《えん》だま。

3 □の かたちを もつ かん字《じ》を、□に かきましょう。（ひとつ 4てん）

(1) 日…□《しろ》い。くつ□《おと》。

(2) 目…□《かい》がら。□《み》上《あ》げる。

(3) 田…みなと□《まち》。大《おお》□《おとこ》。

(4) 口

□《みぎ》手《て》。まるい□《いし》。

□《な》まえ。左《ひだり》□《あし》。

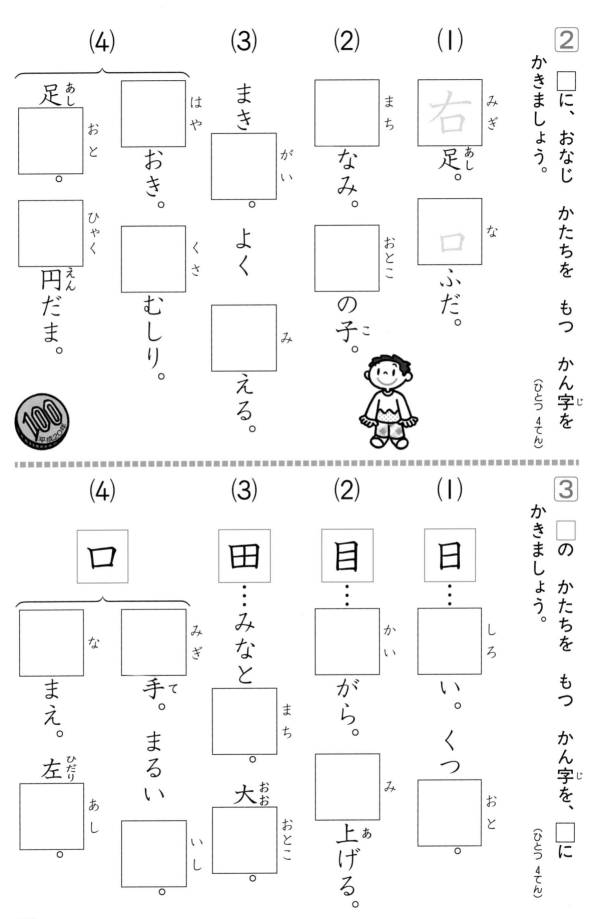

53

かん字《じ》の かたち③

かたちが よく にて いるので、かきまちがえやすい かん字《じ》が あります。

まちがえやすい かん字《じ》

木《き》

本《ほん》

「本《ほん》」は、「木《き》」に せん(かく)を 一本《いっぽん》 足《た》した かたちです。

おぼえよう

- 人…人《ひと》が おおい。
- 入…いえに 入《はい》る。
- 貝…貝《かい》がら。
- 見…よく 見《み》る。
- 大…大《おお》きい 石《いし》。
- 犬…犬《いぬ》が はしる。
- 白…白《しろ》い くも。
- 百…百円《ひゃくえん》だま。

1 ――の かん字《じ》の よみがなを かきましょう。(ひとつ 2てん)

(1) 木(き)の 下《した》で 本( )を よむ。

(2) 人( )が へやに 入( )る。

(3) 大( )きな 犬( )が はしる。

(4) 貝( )がらを よく 見( )る。

とくてん　てん

2 かたちに 気《き》を つけて、□に かん字《じ》を かきましょう。（ひとつ 6てん）

(1) 木《き》を きる。 □《ほん》やさん。

(2) □《ひと》の かず。ふろに □《はい》る。

(3) □《おお》きい 音《おと》。□《いぬ》を かう。

(4) □《かい》がら。じっと □《み》る。

(5) □《しろ》い 花《はな》。□《ひゃく》円《えん》 もらう。

---

3 まちがって いる かん字《じ》に ×を つけ、右《みぎ》がわに 正《ただ》しい かん字《じ》を かきましょう。（ひとつ 6てん）

〈れい〉 ~~木~~《ほん》を よむ。 本

(1) 白円《ひゃくえん》だまを 出《だ》す。

(2) 大《いぬ》が 土《つち》を ほる。

(3) 水《みず》の 中《なか》に 人《はい》る。

(4) 山《やま》から 町《まち》が 貝《み》える。

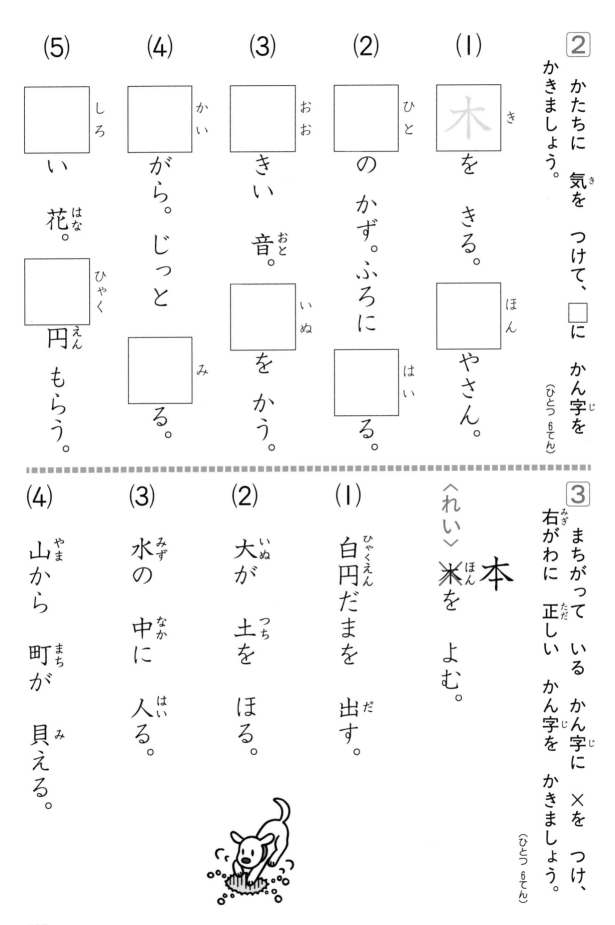

54 なかまの かん字《じ》①

かずの かぞえかた

かずを あらわす かん字《じ》と、かずの かぞえかたを おぼえましょう。

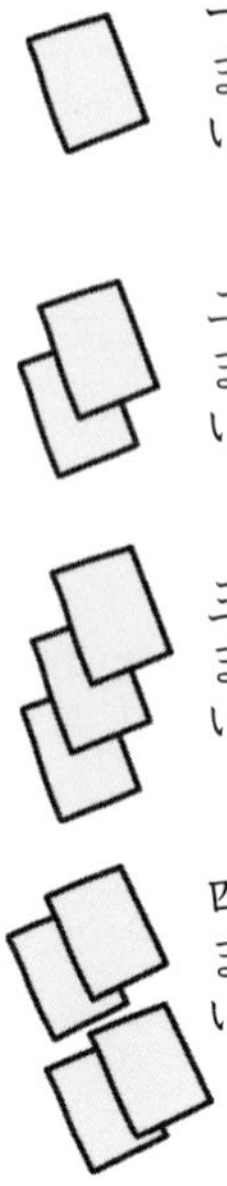

一《いち》まい　二《に》まい　三《さん》まい　四《よん》まい → まい

「五《ご》まい・六《ろく》まい・七《なな》まい・八《はち》まい・九《きゅう》まい・十《じゅう》まい」と つかいます。

おぼえよう

● えんぴつ…一《いっ》ぽん・二《に》ほん・三《さん》ぼん → ほん
※六《ろっ》ぽん・八《はっ》ぽん・十《じっ》ぽん

● いぬ…一《いっ》ぴき・二《に》ひき・三《さん》びき → ひき
※六《ろっ》ぴき・八《はっ》ぴき・十《じっ》ぴき

● りんご…一《いっ》こ・二《に》こ・三《さん》こ…十《じっ》こ → こ

※ここでは、かずの かぞえかたの うち、だいひょう

1 えに あてはまる かぞえかたを、下《した》から えらんで、――で むすびましょう。（ひとつ 6てん）

(1)

(2)

(3)
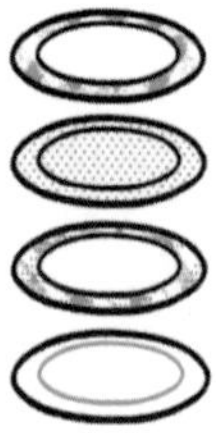

(4)
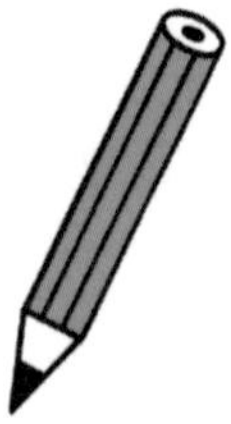

五《ご》こ

二《に》ひき

一《いっ》ぽん

四《よん》まい

とくてん　　てん

2 ――の かん字《じ》の よみがなを かきましょう。（ひとつ 6てん）

(1) （に） 二まい。

(2) （　　） 五まい。

(3) （　　） 六ぽん。

(4) （　　） 八ぴき。

(5) （　　） 九この あめ。

(6) （　　） 十この ビーだま。

3 えに あてはまる かぞえかたを、［　］から えらんで かきましょう。（ひとつ 10てん）

(1)  （二ほん）

(2)  （　　）

(3)  （　　）

(4)  （　　）

［ 二《に》ほん・六《ろっ》ぴき・三《さん》びき・八《はっ》ぽん ］

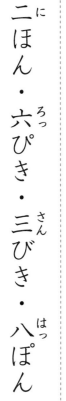

55

なかまの かん字《じ》②

よう日《び》と 日《ひ》づけを あらわす かん字《じ》

① よう日《び》を あらわす かん字《じ》。

日《にち》よう日《び》 → 月《げつ》よう日《び》 → 火《か》よう日《び》 → 水《すい》よう日《び》 → 木《もく》よう日《び》 → 金《きん》よう日《び》 → 土《ど》よう日《び》 → 日よう日

七日《なのか》かんで 一《いっ》しゅうかんです。

② 日《ひ》づけの よびかた。

一月一日《いちがつついたち》　三月三日《さんがつみっか》　五月五日《ごがついつか》　七月七日《しちがつなのか》

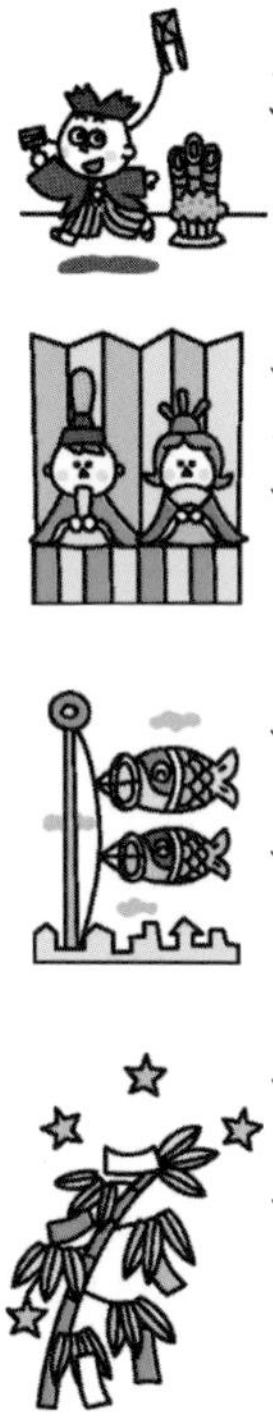

おぼえよう

● 二日《ふつか》・四日《よっか》・六日《むいか》・八日《ようか》・九日《ここのか》・十日《とおか》

1　日《ひ》づけの よびかたを、下《した》から えらんで、——で むすびましょう。（ひとつ 6てん）

(1) 三日 ・　　・ よっか

(2) 四日 ・　　・ みっか

(3) 五日 ・　　・ いつか

(4) 六日 ・　　・ なのか

(5) 七日 ・　　・ むいか

とくてん　　てん

2 ――の かん字《じ》の よみがなを かきましょう。（ひとつ 5てん）

(1) 日よう日《び》。（にち）

(2) 月よう日《び》。

(3) 水よう日《び》。

(4) 金よう日《び》。

(5) 七月《しちがつ》七日。

(6) 十月《じゅうがつ》十日。

3 □に かん字《じ》を かきましょう。（ひとつ 8てん）

(1) □《げつ》よう日《び》の あさ。

(2) □《か》よう日《び》の 天気《てんき》。

(3) □《すい》よう日《び》の テレビ。

(4) □《もく》よう日《び》に あそぶ。

(5) □《ど》よう日《び》に 出《で》かける。

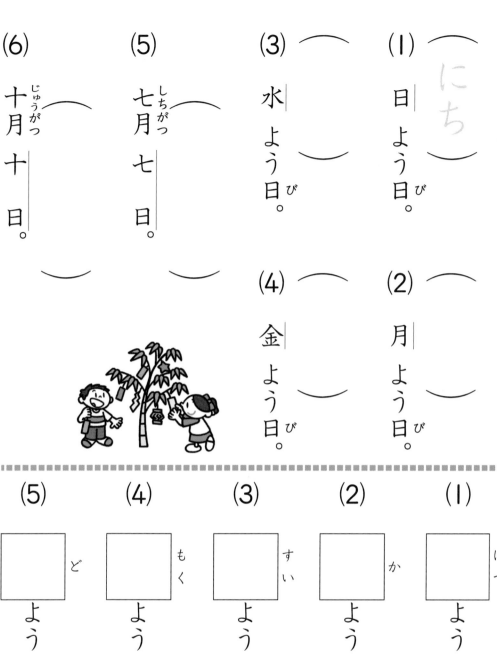

56 なかまの かん字《じ》③

その ほかの なかまの かん字《じ》

①からだの ぶぶんを あらわす かん字《じ》。

目《め》
耳《みみ》
口《くち》
手《て》
足《あし》

②ほうこうを あらわす かん字《じ》。

上《うえ》
下《した》

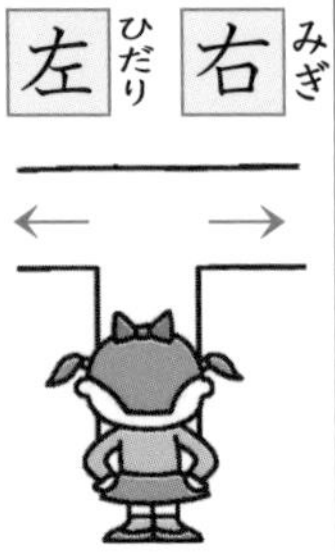

右《みぎ》
左《ひだり》

③はんたいの いみの かん字《じ》。

大《おお》きい
↕
小《ちい》さい

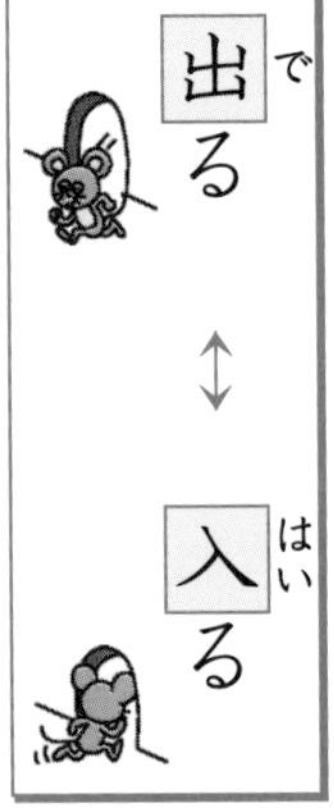

出《で》る
↕
入《はい》る

1 からだの ぶぶんを あらわす かん字《じ》の よみがなを かきましょう。（ひとつ 4てん）

(1) 口
(2) 手
(3) 目
(4) 耳
(5) 足

とくてん　　てん

2 ――の かん字《じ》の よみがなを かきましょう。（ひとつ 5てん）

(1) 右（みぎ）を 見《み》て、左（　　）を 見《み》る。

(2) 大（　　）きい 木《き》と 小（　　）さい 木《き》。

(3) 山《やま》の 上（　　）から 下（　　）を 見《み》る。

(4) 出（　　）たり 入（　　）ったり する。

3 □に かん字《じ》を かきましょう。（ひとつ 8てん）

(1) かわいい □《て》ぶくろ。

(2) □《みみ》で 音《おと》を きく。

(3) おかあさんの □《くち》べに。

(4) □《め》じるしを つける。

(5) ねこの □《あし》あと。

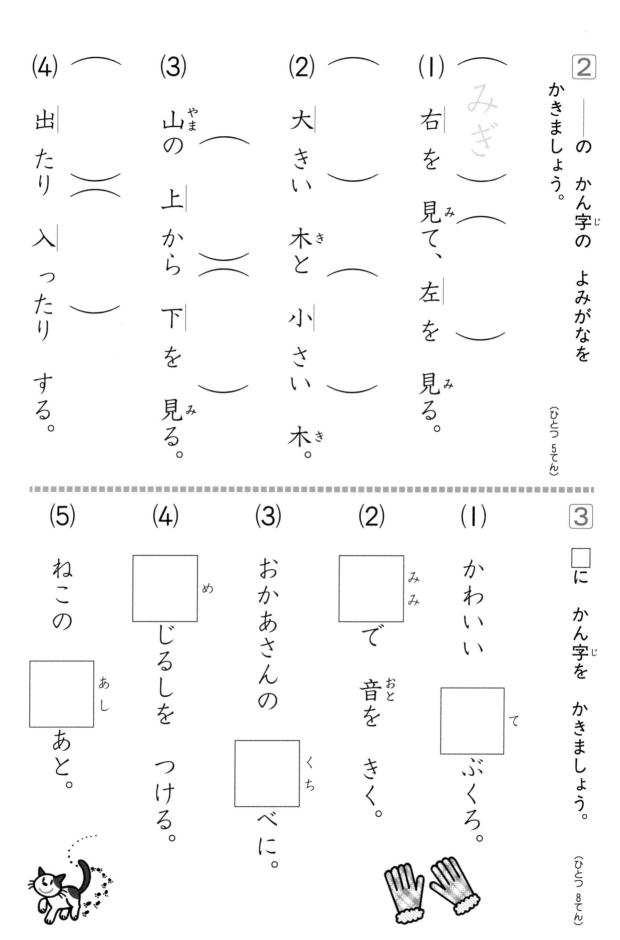

57 ふくしゅうドリル《どりる》⑧

1 ――の かん字《じ》の よみがなを かきましょう。(ひとつ 2てん)

(1) 小さい貝がらを ひろう。

(2) 大きい男の人《ひと》。

(3) 五月《ごがつ》五日の水よう日《び》。

(4) 竹やぶから出て くる。

2 □に かん字《じ》を かきましょう。(ひとつ 3てん)

(1) □《やま》に□《き》を うえる。

(2) □《はや》く□《くさ》が のびる。

(3) □《げつ》よう日《び》から□《ど》よう日《び》。

(4) □《て》と□《あし》を あらう。

とくてん　てん

3　えに　あてはまる　かぞえかたを、［　］から　えらんで　かきましょう。（ひとつ　5てん）

(1)
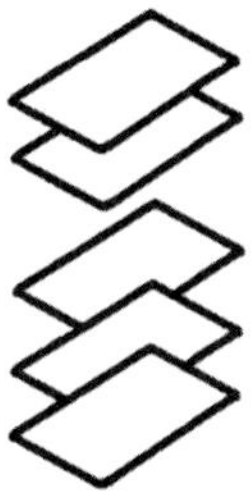
（　　　）

(2)

（　　　）

(3)

（　　　）

(4)

（　　　）

二《に》ひき・五《ご》まい・六《ろっ》ぽん・七《なな》こ

4　まちがって　いる　かん字《じ》に　×を　つけ、右《みぎ》がわに　正《ただ》しい　かん字《じ》を　かきましょう。（ひとつ　8てん）

(1) 木《ほん》やさんで　お金《かね》を　はらう。

(2) 手《て》で　見《かい》を　ひろう。

(3) 百《しろ》い　花《はな》が　さく。

(4) 犬《おお》きい　音《おと》が　きこえた。

(5) 入《ひと》や　車《くるま》の　かずが　おおい。

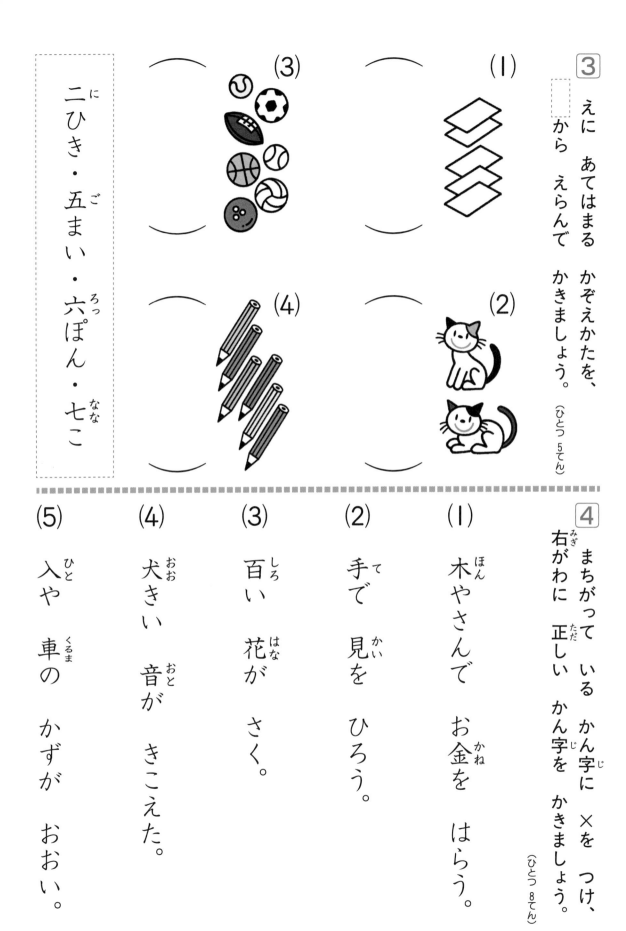

58 テスト《てすと》①

1 えに あうように □に カタカナ《かたかな》を かきましょう。（ひとつ 5てん）

(1) どうなつ

(2) ふらいぱん

(3) へるめっと

(4) ねっくれす

2 カタカナ《かたかな》の まちがいに ×を つけて、右《みぎ》がわに 正《ただ》しい カタカナ《かたかな》を かきましょう。（ひとつ 5てん）

(1) カップ《かっぷ》に ココマ《ここあ》を 入《い》れる。

(2) スプーン《すぷうん》で オムレシ《おむれっ》を たべる。

(3) テレビ《てれび》で テニヌ《てにす》を 見《み》た。

(4) ライオソ《らいおん》が ガオー《がおう》と ほえる。

とくてん

てん

3 （　）に あう ことばを、［　］から えらんで かきましょう。（ひとつ 6てん）

(1)

字《じ》を（　　　）。

(2)

ねこが（　　　）。

(3)

本《ほん》を（　　　）。

(4)

ドアを（　　　）。

にげる・わらう・あける
かく・よむ

4 ［　］と はんたいの いみの ことばを、（　）に かきましょう。（ひとつ 6てん）

(1) 大《おお》きい ↔ （　　　）

(2) さむい ↔ （　　　）

(3) ひくい ↔ （　　　）

(4) つよい ↔ （　　　）

(5) みじかい ↔ （　　　）

(6) おおい ↔ （　　　）

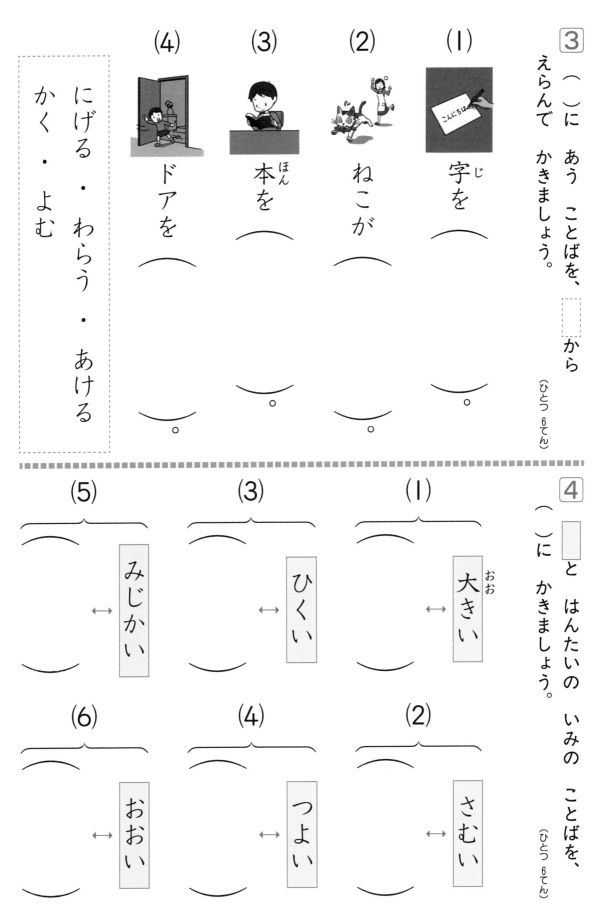

59 テスト《てすと》②

1 「なにが」「だれが」に あたる ことばを かきましょう。（ひとつ 6てん）

(1) さかなが すいすい およぐ。

（　　　　）

(2) わたしが うたを うたった。

（　　　　）

(3) ぼくが ボールを なげた。

（　　　　）

2 「どうする（どうした）」に あたる ことばを かきましょう。（ひとつ 6てん）

(1) かえるが ぴょんと はねる。

（　　　　）

(2) ゴールまで おもいきり はしる。

（　　　　）

(3) 子犬《こいぬ》が クンクン ないた。

（　　　　）

とくてん

てん

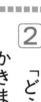

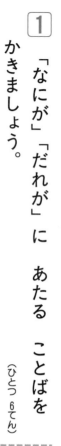

3 「いつ」に あたる ことばを かきましょう。（ひとつ 8てん）

(1) きのう、えん足《そく》に いった。（　　）

(2) なつ休《やす》みに 山《やま》に のぼった。（　　）

(3) けさ、雨《あめ》が ふって いた。（　　）

(4) 日《にち》よう日《び》に ノートを かった。（　　）

4 「どこで」に あたる ことばを かきましょう。（ひとつ 8てん）

(1) いもうとと へやで あそぶ。（　　）

(2) ふろで うたを うたった。（　　）

(3) こうえんで みんなと あそぶ。（　　）

(4) ともだちと プールで およぐ。（　　）

60 テスト《てすと》③

1 かなづかいの 正《ただ》しい 字《じ》を 〈 〉から えらんで、□に かきましょう。（ひとつ 3てん）

(1) ぼく□〈わ・は〉 そう□〈ぢ・じ〉を した。

(2) えき□〈へ・え〉 つづく と□〈う・お〉り。

(3) お□〈う・お〉きな こえ□〈お・を〉 出《だ》す。

(4) かん□〈づ・ず〉め□〈お・を〉 あける。

2 つぎの 文《ぶん》に、てん（、）を 一つずつ かきましょう。（ひとつ 4てん）

(1) 「七月《しちがつ》に なると きゅうに あつく なった。」

(2) 「大《おお》きな こいが ゆっくり およいで いた。」

(3) 「きのう おかあさんと かいものに いった。」

(4) 「おきたら 雨《あめ》が ふって いた。」

とくてん　　てん

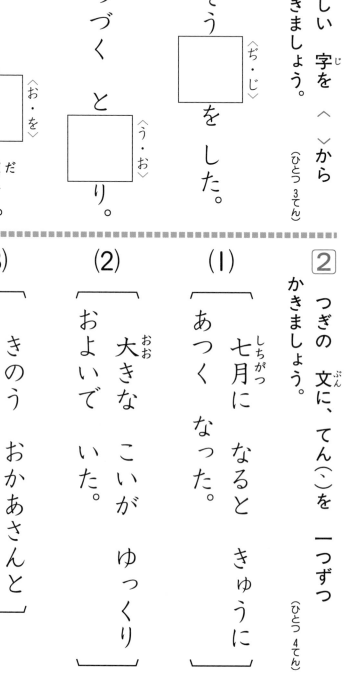

3 □に かん字《じ》を かきましょう。（ひとつ 4てん）

(1) □《やま》に 生《は》えている □《き》。

(2) □《もく》よう日《び》に □《くさ》を かる。

(3) □《はや》く □《め》が さめる。

(4) □《て》を □《みぎ》に むける。

(5) 小《こ》□《いし》を □《あし》で ける。

4 まちがって いる かん字《じ》に ×を つけ、右《みぎ》がわに 正《ただ》しい かん字《じ》を かきましょう。（ひとつ 4てん）

(1) 休《やす》みの 日《ひ》に 木《ほん》を よんだ。

(2) 白円《ひゃくえん》だまを 二《ふた》つ 出《だ》す。

(3) 山《やま》から 町《まち》が 貝《み》える。

(4) 大《いぬ》の 赤《あか》ちゃんが なく。

(5) まどから 虫《むし》が 人《はい》って くる。

こたえ

- 文《ぶん》や　文《ぶん》しょうを　つかった　もんだいでは、文《ぶん》しょう中《ちゅう》の　ことばを　正《せい》かいと　して　います。
- れいの　こたえでは、にた　ないようが　かけて　いれば　正《せい》かいです。
- 〈　〉は、ほかの　こたえかたです。
- ひらがなや　カタカナ《かたかな》、かん字《じ》の　ことばを　かく　もんだいでは、ぜんぶ　かけて、一《ひと》つの　正《せい》かいと　なります。

1 ひらがなの　れんしゅう① 2・3ページ《ぺえじ》

1 ていねいに　かきましょう。

2 (1)あり　(2)いちご　(3)うま　(4)ふえ　(5)おにぎり

3 (1)かえる　(2)きのこ　(3)くじら　(4)とけい　(5)こま

2 ひらがなの　れんしゅう② 4・5ページ《ぺえじ》

1 ていねいに　かきましょう。

2 (1)さくら　(2)あし　(3)すずめ　(4)せみ　(5)そり

3 (1)あたま　(2)ちず　(3)つる　(4)てつぼう　(5)とびばこ

3 ひらがなの　れんしゅう③ 6・7ページ《ぺえじ》

1 ていねいに　かきましょう。

2 (1)なべ　(2)にじ　(3)たぬき　(4)ねっこ　(5)いのしし

3 (1)はさみ　(2)ひこうき　(3)ふくろう　(4)へちま　(5)ほん

4 ひらがなの　れんしゅう④ 8・9ページ《ぺえじ》

1 ていねいに　かきましょう。

2 (1)まくら　(2)すみれ　(3)けむし　(4)めがね　(5)きもの

3 (1)やね　(2)ゆびわ　(3)ひよこ　(4)やかん　(5)まゆげ

5 ひらがなの　れんしゅう⑤ 10・11ページ《ぺえじ》

1 ていねいに　かきましょう。

2 (1)らくだ　(2)りんご　(3)あひる　(4)れんこん　(5)てぶくろ

3 (1)わに　(2)わかめ　(3)きをきる　(4)はんこ　(5)かん

6 ひらがなの　れんしゅう⑥ 12・13ページ《ぺえじ》

1 (1)あひる　(2)いるか　(3)さんま　(4)たぬき　(5)なす　(6)はし　(7)みかん　(8)ゆみや　(9)いす　(10)わに

7 ふくしゅうドリル《どりる》① 14・15ページ《ぺえじ》

1 (1)い　(2)え　(3)か　(4)け　(5)さ　(6)す　(7)ち　(8)と　(9)な　(10)ね　(11)は　(12)ほ　(13)み　(14)む　(15)や　(16)ゆ　(17)ら　(18)れ　(19)わ　(20)を

2 (1)あひる　(2)さくら　(3)きもの　(4)すみれ　(5)はさみ　(6)かえる　(7)いちご　(8)ひよこ　(9)てつぼう　(10)ひこうき

8 ひらがなの　れんしゅう⑦ 16・17ページ《ぺえじ》

1 ていねいに　かきましょう。

2 (1)めがね　(2)のこぎり　(3)もぐら　(4)げた　(5)いちご

3 (1)ひざ　(2)にじ　(3)すずめ　(4)かぜ　(5)ぞう

9 ひらがなの　れんしゅう⑧ 18・19ページ《ぺえじ》

1 ていねいに　かきましょう。

2 (1)らくだ　(2)はなぢ　(3)かんづめ　(4)でんわ　(5)どうろ

3 (1)ばね　(2)はなび　(3)ぶた　(4)かべ　(5)ぼんぼり

10 ひらがなの れんしゅう⑨ 20・21ページ《ぺえじ》

1 ていねいに かきましょう。
2 ていねいに かきましょう。
3 (1)らっぱ (2)ぴあの (3)おんぷ
(4)ぺんき (5)たんぽぽ
4 (1)しっぽ (2)らっこ (3)きっぷ
(4)てっぽう (5)はらっぱ

11 ひらがなの れんしゅう⑩ 22・23ページ《ぺえじ》

1 (1)おばさん (2)おばあさん
(3)おじさん (4)おじいさん
2 (1)おかあさん (2)おにいさん
(3)ふうせん (4)おねえさん
(5)おとうさん
3 (1)おとうと (2)いもうと
(3)ひこうき (4)てつぼう
(5)にちようび

12 ひらがなの れんしゅう⑪ 24・25ページ《ぺえじ》

1 ていねいに かきましょう。
2 (1)しゃしん (2)あくしゅ
(3)しょうゆ (4)でんしゃ
(5)きゅうり
3 (1)こんにゃく (2)しゅりけん
(3)きょうだい (4)にゅうがく
(5)しゃしょう

13 ひらがなの れんしゅう⑫ 26・27ページ《ぺえじ》

1 (1)ひゃくえん (2)さんびゃく
(3)きょうしつ (4)きんぎょ
2 (1)じゃぐち (2)じゅうい
(3)ぎょうざ (4)びょうぶ (5)ぴょん
3 (1)じゃがいも (2)じゅぎょう
(3)びょういん (4)はっぴゃく
(5)はっぴょう

14 ふくしゅうドリル《どりる》② 28・29ページ《ぺえじ》

1 (1)すずめ (2)しっぽ
(3)おとうさん (4)びょういん
2 (1)めがね (2)はなび
(3)かんづめ (4)ぼんぼり
3 (1)はらっぱ (2)てっぽう (3)ふうせん
(4)おかあさん (5)にちようび
4 (1)あくしゅ (2)でんしゃ
(3)きょうだい (4)じゃがいも
(5)はっぴょう

15 カタカナ《かたかな》の れんしゅう① 30・31ページ《ぺえじ》

1 (1)アイロン (2)エプロン
(3)コロッケ (4)シーソー
(5)タオル (6)スカート
(7)テレビ (8)ドーナツ
(9)ソーセージ (10)ネクタイ

16 カタカナ《かたかな》の れんしゅう② 32・33ページ《ぺえじ》

1 (1)ハンカチ (2)ホテル (3)オムレツ
(4)モノレール (5)タイヤ
(6)ユニホーム (7)ランドセル
(8)メロン (9)フライパン
(10)ペンギン

17 カタカナ《かたかな》の れんしゅう③ 34・35ページ《ぺえじ》

1 (1)ライオン (2)オルガン (3)クレヨン
(4)ウエハース (5)ネックレス
(6)ハーモニカ (7)ヘルメット
(8)ハムスター (9)ヨーグルト
(10)ロケット

18 カタカナ《かたかな》の れんしゅう④ 36・37ページ《ぺえじ》

1 (1) チ ㋢ (2) ㋟ ク (3) ヌ ㋜
(4) ナ ㋱ (5) ㋛ ソ (6) ツ ㋛
2 (1)フ・ラ (2)ツ・シ
(3)メ・ナ (4)ン・ソ
(5)マ・ア
3 (1)ヌ|スカート (2)テ|チーズ
(3)ン|ソース (4)ドーナシ|ツ

19 カタカナ《かたかな》の れんしゅう⑤
38・39ページ《ぺえじ》

1 (1)パジャマ (2)ケーキ
(3)ヨット (4)シャワー

2 (1)バス (2)パン (3)ベンチ
(4)ゴリラ (5)ペンギン

3 (1)パトカー (2)シャベル (3)チョーク
(4)コーヒー (5)ジュース

20 ふくしゅうドリル《どりる》③
40・41ページ《ぺえじ》

1 (1)コップ (2)ペンギン
(3)チョーク (4)コーヒー

2 (1)ネクタイ (2)オムレツ
(3)ハンカチ (4)ライオン

3 (1)シャベル (2)ジュース (3)ヨーグルト
(4)ネックレス (5)ソーセージ

4 (1)シャ~~ジ~~ツ (2)~~ヌ~~スプーン
(3)~~チ~~テレビ (4)コ~~ヌ~~アラ

21 なかまの ことば①
42・43ページ《ぺえじ》

1 (1)おはよう。 (2)いただきます。
(3)いってきます。

2 (1)いただきます。 (2)ただいま。
(3)さようなら。 (4)おやすみ。

3 (1)れい おはよう。 (2)れい ごちそうさま。
(3)れい いってきます。

22 なかまの ことば②
44・45ページ《ぺえじ》

1 (1)こくばん (2)つくえ (3)音がくしつ

2 (1)つくえ (2)れい こくばん
(3)れい きょうしつ (4)れい げたばこ
(5)れい 校もん

3 (1)こくばん (2)れい 校もん
(3)れい きょうしつ (4)れい げたばこ

23 なかまの ことば③
46・47ページ《ぺえじ》

1 (1)なす (2)とんぼ
(3)はと (4)たんぽぽ

2 (1)みかん (2)ねぎ
(3)ちょう (4)ばら (5)めだか

3 (1)きゅうり・だいこん
(2)はと・すずめ・つばめ

3は、じゅんじょが ちがっても せいかいです。

24 なかまの ことば④
48・49ページ《ぺえじ》

1 (1)ねこ (2)こい
(3)ながぐつ (4)ふえ

2 (1)ひらめ (2)ふえ
(3)スカート (4)ひこうき

3 (1)さる・うし (2)ぶどう・みかん
(3)ふね・でん車

3は、じゅんじょが ちがっても せいかいです。

25 なかまの ことば⑤
50・51ページ《ぺえじ》

1 (1)ねこ・さる (2)もも・りんご
(3)ふえ・ピアノ (4)ふね・でん車

2 (1)さかな (2)くだもの
(3)ふく (4)いろ

3 (1)くま・犬 (2)すみれ・ばら
(3)はさみ・えんぴつ

3は、じゅんじょが ちがっても せいかいです。

26 なかまの ことば⑥
52・53ページ《ぺえじ》

1 (1)なつ・ふゆ (2)きょう
(3)ひる

2 (1)あき (2)きのう (3)ことし

3 (1)れい なつ・ふゆ
(2)れい あす〈あした〉 (3)れい ひる

27 ふくしゅうドリル《どりる》④
54・55ページ《ぺえじ》

1 (1)おはよう。 (2)いってきます。
(3)ごちそうさま。 (4)さようなら。

2 (1)たいこ・ピアノ (2)でん車・ふね

2は、じゅんじょが ちがっても せいかいです。

3 (1)きいろ・赤 (2)ねこ・くま
(3)みかん・りんご

3は、じゅんじょが ちがっても せいかいです。

4 (1)れい なつ・あき
(2)れい 夕がた (3)れい きょう

28 うごきを あらわす ことば①
56・57ページ《ぺえじ》

1 (1)あるく (2)かく (3)たたく (4)のむ

2 (1)かく (2)たたく (3)のむ (4)たべる

3 (1)よむ (2)れい のむ (3)れい かく (4)れい たたく

29 うごきを あらわす ことば②
58・59ページ《ぺえじ》

1 (1)ほえる (2)あける (3)のぼる (4)にげる

2 (1)にげる (2)あける (3)ほえる (4)のぼる

3 (1)ドアをあける。 (2)れい ぼくはおよぐ。 (3)れい ねこがにげる。

30 うごきを あらわす ことば③
60・61ページ《ぺえじ》

1 (1)うたう (2)ひろう (3)はしる (4)たべる

2 (1)うたう (2)たべる (3)ひろう (4)はしる

3 (1)なげる・もつ (2)ける・はしる (3)うたう・のむ

3は、じゅんじょが ちがっても せいかいです。

31 ようすを あらわす ことば①
62・63ページ《ぺえじ》

1 (1)つよい (2)あつい (3)おもい (4)赤い

2 (1)ひろい (2)ふかい (3)みじかい (4)あまい (5)おおい

3 (1)あつい (2)つよい (3)ながい (4)白い

32 ようすを あらわす ことば②
64・65ページ《ぺえじ》

1 (1)きらきら (2)しっかり (3)ドンドン (4)ワンワン

2 (1)ゆっくり (2)にこにこ (3)そよそよ (4)パンパン (5)そっと (6)ビリビリ

3 (1)きらきら (2)トントン (3)ワンワン

33 はんたいの いみの ことば
66・67ページ《ぺえじ》

1 (1)大きい (2)たかい (3)つよい (4)あつい

2 (1)たかい (2)つよい (3)ながい (4)おおい

3 (1)小さい (2)よわい (3)あつい

34 ふくしゅうドリル《どりる》⑤
68・69ページ《ぺえじ》

1 (1)のむ (2)ひろう (3)ほえる (4)あるく

2 (1)れい ぼくはのぼる。 (2)れい ぼくはのる。 (3)れい ライオンがほえる。

3 (1)ビリビリ (2)そっと (3)にこにこ

4 (1)大きい (2)みじかい (3)すくない

35 文《ぶん》の くみ立《た》て①
70・71ページ《ぺえじ》

1 (1)ねこが (2)とりが (3)犬が

2 (1)さるが (2)花が (3)木が (4)なすは (5)空は

3 (1)ねこが (2)かぜが (3)そとは (4)ありは

36 文《ぶん》の くみ立《た》て②
72・73ページ《ぺえじ》

1 (1)ぼくが (2)わたしが (3)いもうとが

2 (1)先生が (2)わたしが (3)おとうさんは (4)さち子さんは (5)いもうとは

3 (1)ぼくが (2)わたしが (3)ゆかさんは (4)先生は

37 文《ぶん》の くみ立《た》て③ 74・75ページ《ぺえじ》

1 (1)さく (2)なく (3)ぬれた

2 (1)われた (2)わらう (3)おれた
(4)はしった (5)かう

3 (1)はねる (2)やんだ
(3)はなした (4)ゆれた

38 文《ぶん》の くみ立《た》て④ 76・77ページ《ぺえじ》

1 (1)えを (2)本を (3)ベルを

2 (1)パンを (2)かばんを (3)空を
(4)みちを (5)ボールを

3 (1)本を (2)木を
(3)ピアノを (4)手を

39 文《ぶん》の くみ立《た》て⑤ 78・79ページ《ぺえじ》

1 (1)きのう (2)あさ (3)八月に

2 (1)きょう (2)よる (3)あした
(4)一月に (5)ひる

3 (1)よる (2)きょう
(3)あさ (4)さっき

40 文《ぶん》の くみ立《た》て⑥ 80・81ページ《ぺえじ》

1 (1)へやで (2)そとで
(3)山で

2 (1)川で (2)へやで (3)森で
(4)みせで (5)げんかんで

3 (1)プールで (2)のはらで
(3)ろうかで (4)ぶたいで

41 文《ぶん》の くみ立《た》て⑦ 82・83ページ《ぺえじ》

1 (1)ボール (2)ぞう
(3)いわ

2 (1)小さな (2)きいろい (3)ながい
(4)やさしい (5)おいしい

3 (1)大きな (2)かんたんな
(3)赤い (4)たくさんの

42 文《ぶん》の くみ立《た》て⑧ 84・85ページ《ぺえじ》

1 (1)ほえる (2)まわる (3)なる

2 (1)ミンミン (2)ザブザブ
(3)ピューピュー (4)のろのろ
(5)バタンと

3 (1)パカパカ (2)ぽろっと
(3)ごくごく (4)ふわふわ

43 文《ぶん》の くみ立《た》て⑨ 86・87ページ《ぺえじ》

1 (1)で (2)の (3)に (4)と

2 (1)で (2)と (3)に (4)の

3 (1)ぼうしで虫をつかまえる。
(2)れい あさ七じにおきる。
(3)れい おとうとと出かける。
(4)れい これは、ぼくのノートだ。

44 ふくしゅうドリル《どりる》⑥ 88・89ページ《ぺえじ》

1 (1)わたしが (2)花が (3)空は

2 (1)はしる (2)わらった (3)ふる

3 (1)きょう (2)ひるに
(3)さっき (4)あした

4 (1)へやで (2)いけで
(3)にわで (4)ろうかで

45 かなづかい① 90・91ページ《ぺえじ》

1 (1){(〇) ( )} (2){( ) (〇)} (3){(〇) ( )}

2 (1)は・へ (2)お・え (3)は・へ
(4)を・わ (5)え・を

3 (1)は・へ (2)は・を
(3)を・へ (4)は・を

46 かなづかい② 92・93ページ《ぺえじ》

1 (1)おとうと　(2)じゅうえん
(3)かんづめ　(4)おおきい

2 (1)う・じ　(2)う・づ　(3)じ・ぢ
(4)お・づ　(5)ず・じ

3 (1)う・づ　(2)じ・ず　(3)お・じ
(4)う・ぢ　(5)ず・お

47 まる(。)と てん(、)の つかいかた① 94・95ページ《ぺえじ》

1 (1)(〇)( )　(2)( )(〇)　(3)(〇)( )

2 (1)ぼくは学校へいった。
(2)花がたくさんさいた。
(3)あねはりょうりができる。
(4)きのう、いもうとと
こうえんにいった。
(5)つめたい水で、手とかおをあらう。

3 (1)犬が、ワンワンほえている。
(2)さかなが、川で
たくさんおよいでいた。
(3)大きな木が、かぜでゆさゆさゆれる。
(4)あには、ともだちと
やきゅうをしに出かけた。

48 まる(。)と てん(、)の つかいかた② 96・97ページ《ぺえじ》

1 (1)(〇)( )　(2)( )(〇)　(3)(〇)( )

2 (1)…なると、…。　(2)からすが、…。
(3)森には、…。　(4)きょう、…。
(5)ぼくは、…。

3 (1)きのう、ケーキをたべた。
(2)わたしは、なべにやさいを入れた。
(3)白い犬が、こやでねている。
(4)なつがくると、とてもあつくなる。

49 かぎ(「 」)の つかいかた 98・99ページ《ぺえじ》

1 (1)(〇)( )　(2)( )(〇)

2 (1)「早くいこう。」
(2)「みんなでうたおう。」
(3)「おきなさい。」
(4)「いっしょにいこう。」

3 (1)
　ゆうたくんが、

「おはよう。」

といった。

(2)
「ただいま。」

と、ぼくがいった。

50 ふくしゅうドリル《どりる》⑦ 100・101ページ《ぺえじ》

1 (1)そうじ　(2)おおきい
(3)すずめ　(4)どうろ

2 (1)わたしは、…。
(2)…なって、…。
(3)森には、…。
(4)犬が、…。

3 (1)お・を　(2)は・へ　(3)わ・を
(4)を・へ　(5)は・え

4 (1)「ただいま。」
(2)「いっしょにやろう。」
(3)「おはよう。」
(4)「きょうはさむいね。」

51 かん字《じ》の かたち① 102・103ページ《ぺえじ》

1 (1)―山　(2)―日　(3)―月　(4)―木

2 (1)やま　(2)き　(3)つき　(4)たけ

3 (1)山　(2)日　(3)竹　(4)月　(5)木

52 かん字《じ》の かたち② 104・105ページ《ぺえじ》

1 (1)右　(2)早　(3)見　(4)男

2 (1)右・名　(2)町・男　(3)貝・見
(4)早・草・音・百

3 (1)白・音　(2)貝・見　(3)町・男
(4)右・石・名・足

53 かん字《じ》の かたち③ 106・107ページ《べえじ》

1 (1)き・ほん (2)ひと・はい (3)おお・いぬ (4)かい・み

2 (1)木・本 (2)人・入 (3)大・犬 (4)貝・見 (5)白・百

3 (1)~~白~~百円だまを…。 (2)~~大~~犬が…。 (3)…~~人~~入る。 (4)…~~貝~~見える。

54 なかまの かん字《じ》① 108・109ページ《べえじ》

1 (1)—二ひき (2)—五こ (3)—四まい (4)—一ぽん

2 (1)に (2)ご (3)ろっ (4)はっ (5)きゅう (6)じっ

3 (1)二ほん (2)三びき (3)六ぴき (4)八ぽん

55 なかまの かん字《じ》② 110・111ページ《べえじ》

1 (1)—みっか (2)—よっか (3)—いつか (4)—むいか (5)—なのか

2 (1)にち (2)げつ (3)すい (4)きん (5)なのか (6)とおか

3 (1)月 (2)火 (3)水 (4)木 (5)土

56 なかまの かん字《じ》③ 112・113ページ《べえじ》

1 (1)くち (2)て (3)め (4)みみ (5)あし

2 (1)みぎ・ひだり (2)おお・ちい (3)うえ・した (4)で・はい

3 (1)手 (2)耳 (3)口 (4)目 (5)足

57 ふくしゅうドリル《どりる》⑧ 114・115ページ《べえじ》

1 (1)ちい・かい (2)おお・おとこ (3)いつか・すい (4)たけ・で

2 (1)山・木 (2)早・草 (3)月・土 (4)手・足

3 (1)五まい (2)二ひき (3)七こ (4)六ぽん

4 (1)~~木~~本やさんで…。 (2)…~~見~~貝を…。 (3)~~百~~白い…。 (4)~~犬~~大きい…。 (5)~~入~~人や…。

58 テスト《てすと》① 116・117ページ《べえじ》

1 (1)ドーナツ (2)フライパン (3)ヘルメット (4)ネックレス

2 (1)ココ~~マ~~ア (2)オムレ~~シ~~ツ (3)テニ~~ヌ~~ス (4)ライオ~~メ~~ン

3 (1)かく (2)にげる (3)よむ (4)あける

4 (1)小さい (2)あつい (3)たかい (4)よわい (5)ながい (6)すくない

59 テスト《てすと》② 118・119ページ《べえじ》

1 (1)さかなが (2)わたしが (3)ぼくが

2 (1)はねる (2)はしる (3)ないた

3 (1)きのう (2)なつ休みに (3)けさ (4)日よう日に

4 (1)へやで (2)ふろで (3)こうえんで (4)プールで

60 テスト《てすと》③ 120・121ページ《べえじ》

1 (1)は・じ (2)へ・お (3)お・を (4)づ・を

2 (1)七月になると、きゅうにあつくなった。
(2)大きなこいが、ゆっくりおよいでいた。
(3)きのう、おかあさんとかいものにいった。
(4)おきたら、雨がふっていた。

3 (1)山・木 (2)木・草 (3)早・目 (4)手・右 (5)石・足

4 (1)…~~木~~本を…。 (2)~~白~~百円だまを…。 (3)…~~貝~~見える。 (4)~~大~~犬の…。 (5)…~~人~~入って…。